은행원은 어떻게 돈을 모을까?

은행원은 어떻게 돈을 모을까?

초판 1쇄 인쇄 2021년 1월 25일
1쇄 발행 2021년 1월 30일

지은이 소울러브
펴낸이 우세웅
책임편집 김은지
기획편집 장보연
콘텐츠기획·홍보 박서영
북디자인 이선영

종이 ㈜타라유통
인쇄 ㈜다온피앤피

펴낸곳 슬로디미디어그룹
신고번호 제25100-2017-000035호
신고년월일 2017년 6월 13일
주소 서울특별시 마포구 월드컵북로 400, 상암동 서울산업진흥원(문화콘텐츠센터)5층 20호
전화 02)493-7780
팩스 0303)3442-7780
전자우편 slody925@gmail.com(원고투고·사업제휴)
홈페이지 slodymedia.modoo.at
블로그 slodymedia.xyz
페이스북인스타그램 slodymedia

ISBN 979-11-88977-68-0 [03320]

※ 이 책은 슬로디미디어와 저작권자의 계약에 따라 발행한 것으로 본사의 허락 없이는 무단
　전재와 복제를 금하며,이 책 내용의 전부 또는 일부를 사용하려면 반드시 저작권자와 슬로
　디미디어의 서면 동의를 받아야 합니다.
※ 잘못된 책은 구입하신 서점에서 교환해 드립니다.

현직 은행원이 알려주는 재테크 부자 수업

은행원은 어떻게 돈을 모을까?

소울러브 지음

 슬로디미디어

안녕하세요. 저는 수신과 여신 등의 다양한 금융 업무를 하며, 무엇이든 당황하지 않고 처리할 수 있는 14년 차 베테랑 은행원입니다.

4차 산업혁명 시대를 맞아 은행이 줄어들고, 은행원도 축소될 거라 전망하는 사람이 많습니다. 어떠한가요? 제가 생각해도 기계가 대체할 은행 업무가 정말 많습니다. 간단하게는 통장 이월부터 돈의 입출금, 카드 재발급까지 비대면으로 처리하고 계시지 않나요? 그럼에도 불구하고 은행원이 필요한 이유는 개개인의 자산 관리사가 될 수 있기 때문입니다. 많은 사람이 자산 관리는 돈이 많은 사람이나 받는 거라고 생각하지만, 사실은 돈이 부족할수록 돈에 대해 알고, 자산을 관리 받아야 합니다.

은행에서 일하다 보면 정말 많은 사람을 만나고, 많은 돈을 만집니다. 그러다 보니 자연스럽게 돈에 대해 생각하게 됩니다. 저 역시도 '왜 평생 일하는 데도 돈 걱정을 해야 할까?'라고 생각한 적이 있습니다. 이 책은 이러한 질문에서 시작했습니다. 이 질문에 대한 답을 찾는 과정이라고 봐도 무방합니다.

14년 전으로 돌아가서 제가 사회 초년생이던 시절의 돈을 모았던 경험부터, 단순히 저축만 해서는 부자가 될 수 없다는 걸 깨달았던 경험, 직장 생활 10년 뒤에도 변하지 않던 현실, 20억의 자산을 일구기까지의 과정을 이 책에 오롯이 담았습니다. 우리는 돈에 대해 알고, 돈을 벌기 위해 연구해야 합니다. 이 책을 읽고 늦어도 몇 년 뒤에는 경제적 자유를 이루셨으면 좋겠습니다.

어려운 경제 용어, 현실을 반영할 수 없는 내용은 뺐습니다. 읽고 나서 부자가 되기 위한 첫발을 내디디시길 바라며, 궁금한 점이 있으면 네이버 카페 '청춘재테크'에 방문해 이야기 나누셔도 좋습니다.

소울러브

현직 은행원에게 듣는
재테크 실천 7문 7답

Q1 14년 차 은행원으로서 수많은 부자를 만났습니다. 부자의 가장 큰 특

징은 무엇인가요?

A 제가 만난 부자들의 가장 큰 특징은 은행을 활용하셨다는 것

입니다. 금수저가 아닌 자수성가형 부자들은 대부분 은행의

대출을 지렛대 삼아 부를 불려 나가나는 방식을 일찍 터득

한 분들입니다. 열심히 모은 종잣돈에 은행의 대출을 합해

사업이나 부동산에 투자하는 방식으로 말이죠. 그렇게 돈을

벌면서 더 큰 부를 향해 꾸준히 투자해 나갑니다. 은행을 단

순히 돈을 예치하는 곳이 아니라, 적극적으로 돈을 빌리고

돈을 불리는 곳으로 활용하셨다는 점이 부자의 특징이라고

생각합니다.

은행원은 어떻게 돈을 모을까?

Q2 최근에는 조기 은퇴와 경제적 자유를 꿈꾸는 '파이어족'이 등장했습니다. 또한 MZ 세대의 재테크에 대한 관심도 높아졌는데요. 현직 은행원으로서 이를 실감하시나요?

A 저는 제가 운영하는 블로그와 온라인 카페, 유튜브 등을 통해 재테크를 배우고 싶어 하는 분들을 만납니다. 제가 보았을 때는, MZ 세대뿐 아니라 전 세대에서 재테크에 대한 관심이 뜨거운 것 같습니다. 더는 근로 소득만으로 재산을 일구기 어렵기 때문이겠지요. 저는 이런 관심을 긍정적으로 생각합니다. 그러나 재테크에 대한 정보가 넘치다 보니, 간혹 잘못된 정보를 사실로 받아들이는 분도 계십니다. 이런 분들을 위해 팁을 드리자면, 어떤 특정 정보에 대해 궁금하다면 그 정보의 날것을 찾아 읽고 해석하는 연습을 해 보세요. 예를 들어, 청약 통장이 궁금하다면 누군가의 포스팅이 아닌, 국토교통부 사이트에 들어가 청약 상품 안을 읽어 보는 것입니다. 아무튼 한 살이라도 빨리 재테크에 눈뜨는 것이 부자가 되는 길입니다.

Q3 재테크를 시작하는 초보자가 피해야 할 함정이 있다면 무엇일까요?

A 요즘은 어디를 가나 부동산, 주식에 대해 이야기합니다. 그만큼 재테크에 대한 관심이 폭발적인 시기라고 생각합니다. 또

한, 재산을 가진 사람은 더 가지지 못해 불안하고, 재산을 일구지 못한 사람은 상대적 박탈감이 크지요. 이런 시기에는 누구나 마음이 조급해지기 마련입니다. 누군가가 돈을 벌었다는 소식을 들으면 나도 빨리 뭐라도 투자해야 할 것 같은 마음이 들기도 하죠. 이럴 때일수록 평정심을 찾아야 한다고 생각합니다. 훌쩍 오른 부동산과 주식 시장을 보면서 포기하고 외면하기보다는 차근차근 공부해 투자의 안목을 갖추세요. 투자는 평생 해야 합니다. 꾸준히 나에게 투자하고, 자산에 투자하면 좋겠습니다.

Q4 '내 집 마련이 불가능한 시대'라고들 하는데요. 재테크를 위한 기반을 다지기도 전에 이런 뉴스를 접하면 힘이 빠지기 마련입니다. 예전에 비해 재테크가 더 어려워진 시대가 된 것일까요? 만약 그렇다면 어떻게 해야 할까요?

A 요즘에는 크게 오른 집값을 보며 허탈함을 느끼는 분들이 많습니다. 사회 초년생이나 신혼부부는 더욱 체감할 것입니다. 이렇게 벌어서는 내 집 마련이 불가능한 이야기가 아닐까 하는 생각도 들 테고요. 저는 이럴 때일수록 악착같이 돈에 대해 공부해야 한다고 생각합니다. 그래야 다음번에 올 상승장

에서 기회를 잡을 수 있습니다. 공부하지 않으면 하락장에서도 살 수 없는 게 집입니다. 더 하락할 것 같은 마음이 들기 때문이지요. 그러고는 지나고 나서야 '그때가 바닥이었구나.' 하며 후회하게 됩니다. 부동산과 주식이 이미 많이 오른 것은 사실입니다. 하지만 돈을 벌 수 있는 실력만 키우면, 시장 상황은 중요하지 않습니다. 이미 늦었다고 포기하기보다는 다음 번에 올 상승장에서 몇 배 이상의 자산을 불릴 수 있도록 준비해 보세요.

Q5 **목표하던 자산을 쌓고 삶에 어떤 변화가 생겼나요?**

A 대기업 맞벌이 부부였지만 늘 노후가 불안했습니다. 60세에 은퇴한다면 남은 40년은 어떻게 살아야 할지 싶었지요. 그러나 목표하던 자산을 일군 지금은 노후가 두렵지 않습니다. 우리는 언젠가 모두 은퇴합니다. 젊을 때는 내 노동력을 돈과 교환할 수 있지만, 나이가 들면 그렇지 않습니다. 소득 없이 보내야 하는 노후가 기다리고 있죠. 그 시기를 준비하기 위해 우리는 투자해야 합니다. 저는 20억의 자산을 쌓았다고 해서 사고 싶은 것을 마음대로 사지 않습니다. 오히려 돈의 소중함을 알기에 돈이 없던 시절보다 덜 씁니다. 결과적으로, 목표한

자산을 쌓았지만 겉으로 보이는 제 삶은 여전히 똑같습니다. 하지만 마음만은 든든합니다. 꼭 회사가 아니어도 여러 가지 수단으로 돈을 벌 수 있다는 것을 알기 때문입니다.

Q6 앞으로의 목표나 계획이 있다면 무엇일까요?

A 불과 몇 년 전에만 해도, 저는 근로 소득 외에는 별다른 소득이 없는 평범한 직장인이었습니다. 그러나 몇 년간 재테크와 자기 계발을 병행하면서 자본 소득과 시스템 소득을 배웠습니다. 내가 일하지 않아도 돈을 벌어다 주는 시스템 소득이 궁극적으로 추구해야 할 것이라고 생각합니다. 제가 배운 자본주의 사회의 구조와 논리를 제 주변 분들에게 나누고 싶습니다. 블로그와 카페, 유튜브 등을 통해 올바른 지식을 나누고 도움이 되고 싶습니다.

Q7 이 책을 읽을, 금융 문맹에 가까운 MZ 세대에게 전달하고 싶은 메시지가 있다면 무엇일까요?

A 저는 4학년 때 조기 취업이 되어, 앞으로 부자가 될 일만 남았다고 생각했습니다. 월급만 열심히 모으면 집을 살 줄 알았죠. 그런데 10년을 일한 뒤 깨달았습니다. 절대 월급만으로는

부자가 될 수 없다는 사실을요. 그래서 재테크를 시작했고, 단기간에 10년간 일해서 모은 돈보다 더 많은 돈을 모았습니다. 제가 10년의 시간이 걸려 알게 된 사실을, MZ 세대 분들은 이 책 한 권을 통해 빨리 깨달으셨으면 좋겠습니다. 돈을 모으고, 모은 돈을 자산으로 바꿔 나가는 과정을 되도록 빨리 깨우치세요. 그래야 경제적 자유를 얻을 수 있습니다. 그 길에 이 책이 함께하면 좋겠습니다.

부자 마인드 :
부자는 어떻게 다른가

투자 1단계 :
신입 사원의 종잣돈 모으기

투자 2단계 :
나만의 재테크 설계하기

투자 3단계 :
본격적으로 돈 불리기

투자의 마무리 :
돈이 들어오는 시스템 구축하기

PART 1

부자 마인드 :
부자는 어떻게 다른가

부자와 빈자는 무엇이 다를까요? 태어날 때부터 금수저이거나 자산가가 아니라면, 그들에게는 우리와는 다른 특별한 무언가가 있을 것입니다. 부자는 돈을 어떻게 다루는지, 부자가 정말 소중하게 생각하는 것은 무엇이며, 어떤 마인드로 부를 일구어 나아가는지 이야기하고자 합니다. 기회는 공포의 가면을 쓰고 찾아옵니다. 부자 마인드로 다가오는 기회를 잡으시길 바랍니다.

부자는
10원도 챙긴다

　　어릴 적 은행 놀이를 한 기억이 있습니다. 친구들에게 거스름돈을 거슬러 주며, "거스름돈 여기 있습니다~" 하던 기억이요. 그리고 실제로 저는 은행원이 되었습니다. 은행에 입사해서 매일 돈을 만지다 보니, 과연 이 '돈'이라는 게 무엇인지 생각하게 됩니다. 대체 왜 우리는 이 종잇조각을 갖고 싶어 하고, 더 많이 소유하고자 할까요? 과연 돈은 우리에게 어떤 의미가 있는 걸까요?

　　고객에게 10원이나 20원 정도의 거스름돈을 거슬러 드려야 할 때가 있습니다. 지금 시대에 10원으로 할 수 있는 것은 없지요. 그러나 부자들은 10원을 홀대하지 않습니다. 이들은 작은 돈이 모여 큰돈이 된다는 것을 알기에, 잔돈도 소중히 다루는 습관이 있습니다. 반면, 동전을 거슬러 드리면, "이 돈 필요 없어요."라며 그냥 두고 가는 고객도 종종 있습니다. 그런 분들은 대부분 형편이 좋지 않습니다. 푼돈을 하찮게 여겨서 생활이 어려워진 건지, 생활이 어려워서 푼돈을 하찮게 여기는 건지는 알 수 없지만, 돈을 대하는 습관에서 부자와 빈자는 다릅니다. 이는 단순히 동전을 가져가느냐, 아니냐의 차이가 차이가 아니라, 돈을 얼마나 소중하고 가치 있게 대하느냐의 차이일 것입니다. 부자가 되고 싶다면 돈을 소중히 다뤄야 합니다. 그다음 자본주의를 이해하고, 자본주의의 기본인 '돈'의 정체를 알아야 합니다.

눈에 보이는 10원과 통장에 찍혀 있는 10원은 같은 돈일까요? 돈은 엄밀히 말하면 종잇조각이고 금속일 뿐인데, 왜 우리는 이 돈을 원하고 필요로 하는 걸까요?

현대 사회는 신용 사회입니다. 신용이 곧 돈이 되는 사회입니다. 그리고 우리는 이 종잇조각과 금속으로 만든 돈을 교환의 수단으로 사용하기로 약속했습니다. 돈이 가치를 지니게 된 순간이지요. 그렇게 우리는 손에 쥐고 있는 돈으로 무언가를 교환할 수도 있고, 은행에 넣어 두었다가 인출해서 쓸 수도 있게 되었습니다. 은행은 이 돈을 맡아 두었다가, 예금주의 인출 요청이 있으면 찾아 드립니다. 즉, 은행이란 돈을 맡아 주고, 빌려주면서 이익을 챙기는 곳이라고 볼 수 있지요.

현재 10원으로 할 수 있는 것은 아무것도 없습니다. 10원이 열 개 모여 100원이 된다 해도 살 수 있는 건 없어 보입니다. 그런데도 부자는 10원을 낭비하지 않습니다. 지금이야 푼돈이지만, '1원 한 장 낭비하지 않는다'라는 말이 있듯이, 과거에는 이 10원도 큰 가치를 지니고 있었습니다.

:: **주요 품목의 가격 변화** ::

품목	1960~1970년	2011년	비교
쌀(80kg)	3,010원(1963년)	203,020원	약 67배
자장면	20~30원(1963년)	4,273원	약 142~214배
지하철(1회권)	30원(1974년)	1,000원	33배
시내버스(현금)	8원(1965년)	1,000원	125배
대학 수업료(인문계)	33,000원(1970년)	6,638,000원	192배

* 자료: 서울시청개발연구원 · 행정안전부 · 대학정보공시센터 · 한국은행

60년대에는 10원이면 버스를 한 번 탈 수 있었고, 20원이면 자장면을 먹을 수도 있었습니다. 그런데 왜 지금은 10원으로 살 수 있는 게 아무것도 없을까요?

바로 인플레이션 때문입니다. 한국은행에서는 지속해서 돈을 찍어냅니다. 그러면 시중에 유통되는 돈이 많아지고, 어제의 10원은 오늘의 10원이 아니게 됩니다. 지금 100만 원으로 살 수 있는 것을 미래에는 살 수 없다는 말이지요. 즉, 화폐의 가치가 떨어지는 것이 바로 인플레이션입니다.

그런데도 왜 부자는 10원을 소중히 다룰까요? 그들은 돈을 하나의 생명체로 생각하는 게 아닐까 싶을 정도로 돈에 철저하고, 푼돈도 가볍게 여기지 않습니다. 제가 만난 VIP 고객은 건물이 여러 채라 거둬들이는 월세만 해도 1,000만 원 이상이었는데도, 통신비를 아끼고자 은행 전화기를 쓰시고는 했습니다. 이 정도로 작은 돈까지 아끼는 습관 덕분에 부자가 된 건 아닐까 하는 생각도 듭니다. 여러분은 돈을 어떻게 대하시나요? 꾸깃꾸깃 접어서 보관하시나요, 반듯하고 깨끗하게 보관하시나요? 작은 돈이라고 홀대하지는 않으신가요? 티끌이 모여 태산이 되고, 태산이 인생을 바꾸는 법입니다. 작은 돈도 '돈'이라는 것을 인식하고, 돈을 소중히 다뤄야지만 부자가 된다는 것을 명심하세요.

돈을 소중히 다루겠다고 다짐하셨다면, 이제 본격적으로 부자는 무엇이 다른지 알아볼 차례입니다.

은행원은 어떻게 돈을 모을까?

부자는 돈으로
시간을 산다

은행 VIP 고객들이 돈보다 최우선으로 생각하는 게 있습니다. 바로 시간입니다. 그들은 돈을 써서라도 시간을 아끼고, 그 아낀 시간으로 더 많은 돈을 버는 삶을 살지요. 돈과 시간. 여러분은 무엇을 더 가치 있게 생각하시나요? 사실 세상에 돈은 무한정으로 있지만, 시간은 그렇지 않습니다. 유한한 시간이야말로, 우리가 가장 아끼고 소중히 여겨야 할 것입니다.

VIP가 비행기를 탈 때 퍼스트석을 이용하는 이유도 마찬가지입니다. 편한 좌석과 다양한 식사를 제공받을 수도 있지만, 중요한 건 시간을 아끼기 위함입니다. 이코노미 석에 타기 위해 줄을 서는 수고를 덜 수 있지요. 은행 업무도 마찬가지입니다. 은행은 기본적으로 일반 창구와 VIP 창구가 따로 마련되어 있습니다. VIP 창구는 기다리지 않고 바로 업무를 볼 수 있지요. 부자들은 이 시간의 가치를 알기에, 시간을 아끼는 데에 주저하지 않고 돈을 씁니다.

출근길에 긴 줄이 늘어선 카페를 보았습니다. 카페에서 주는 한정판 선물을 받기 위해 사람들이 모인 것입니다. 아마 어떤 이는 새벽부터 줄을 섰겠지요. 저는 어떤 일을 할 때, 시간당 가치에 대해 생각합니다. 나의 한 시간이 얼마의 값어치가 있는지 따져보고, 그 값어치보다 가치가 있는 일이면 하고, 가치가 낮은 일은 위임하거나 하지 않습니다. 예를 들어, 제 월급을 100만 원이라고 가정하면 시급은 2,400원 입니다. 어떤 일을 놓고 그 일이 2,400원 이상의 가치가 있는 일이라면 직접 하고, 그렇지 않은 일은 위임합니다. 가족과 보내는 시간처럼 물리적으로 따질 수 없는 일을 제외하고는 모든 의사 결정을 이렇게 결정합니다. 이는 은행에서 시간을 소중히 여기는 부자들을 보며 배운 태도입니다.

돈과 시간은 긴밀하게 연결되어 있으며, 시간과 돈만 있으면 못할 일이 없습니다. 그렇다면 우리는 어떻게 시간을 사용해야 할까요? 시간을 사용할 때는 우선순위를 정하세요. 나에게 가장 긴

급하고, 중요한 일부터 하는 습관을 들여야 합니다. 가령, 공부를 시작할 때 '책상 정리부터 하고 공부해야지.' 하는 사람이 있습니다. 그러나 우리의 뇌는 사용할 수 있는 에너지가 정해져 있습니다. 이 에너지를 다 써 버리기 전에 중요한 공부부터 해치우세요. 가장 중요한 것을 해결하고 나면, 나머지 것들은 자연스럽게 해결됩니다. 리스트를 만들어 중요한 순서대로 일을 처리하거나, 시간을 뭉텅이 시간과 틈새 시간으로 나누어서 뭉텅이 시간에는 고도의 집중력을 장기간 발휘하는 일에 쓰고, 틈새 시간에는 틈틈이 할 수 있는 일을 하는 것도 시간을 낭비 없이 효율적으로 쓸 수 있는 방법입니다.

사람은 모두 바쁩니다. 바쁘게 일하고, 바쁘게 움직입니다. 그런데도 왜 모두 부자가 되지 못할까요? 그 이유는 생산적인 일을 하는 습관을 들이지 못했기 때문입니다. 바쁘게 보내는 게 중요한 것이 아니라, 시간을 생산적으로 활용하는 것이 중요합니다.

제가 만난 VIP 고객들은 그런 면에서 시간을 매우 효율적으로 사용했습니다. 시간의 중요성을 알기 때문입니다. 시간에는 두 가지가 있습니다. 하나는 그냥 지나가는 시간인 크로노스이고, 하나는 중요한 사건의 시간 개념인 카이로스입니다. 여러분은 시간의 대부분을 크로노스에 투자하시나요, 카이로스에 투자하시나요? 전 세계 사람이 24시간이라는 선물을 받습니다. 이 선물을 얼마나 값지게 사용하느냐가 나의 부를 결정짓습니다. 돈 관리와 동시에 시간을 관리하시길 바랍니다. 둘은 긴밀하게 연결되어 있습니다.

워런 버핏은 생각하고 책을 읽는 데에 하루의 80%를 사용합니다. 돈을 벌어서 시간을 산 것이죠. 앞으로는 시간을 돈처럼 생각하셔야 합니다. 어쩌면 돈보다 시간을 더 중요하게 생각해야 할수도 있습니다. 시간이 우리에게 더 많은 돈을 만들어 주기 때문입니다. 지금 정신없고 바쁘게 생활하고 있다면 잠시 멈춰서서 생각해 보세요. 내가 바쁜 이유는 무엇인지, 무엇을 위해 바쁜 것인지, 시간을 제대로 활용하고 있는지 말입니다. 시간을 아낄 줄 알면 돈은 따라옵니다.

부자는 한동안
일에만 몰입한다

'저분은 어떻게 부자가 되었을까? 저분은 어떻게 건물주가 되었을까?' 부자를 만날 때마다 참 궁금했습니다. 사회 초년생 시절에는 그들이 저와 다른 세상에 있는 사람처럼 느껴졌습니다. 그러나 돈에 대해 고민하고, 투자를 경험하며 어느 정도 그 답을 찾았습니다.

:: 총자산 규모별 자산 형성 원천 ::

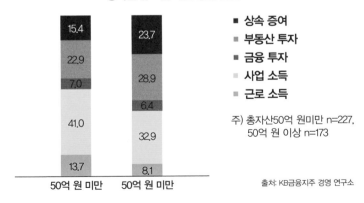

■ 상속 증여
■ 부동산 투자
■ 금융 투자
■ 사업 소득
■ 근로 소득

주) 총자산50억 원미만 n=227,
　　50억 원 이상 n=173

출처: KB금융지주 경영 연구소

KB 금융그룹은 금융 자산 10억 이상을 보유한 사람을 '한국 부자'로 정의하며, 이들을 대상으로 조사한 결과를 낸 보고서를 냅니다. 2020년 부자 보고서에 따르면 한국의 부자들이 자산을 모은 수단 가운데 1위는 사업입니다. 그다음이 부동산 투자이며, 50억 이상의 부자 가운데 가장 적은 비율만이 근로 소득으로 부자가 되었습니다. 그렇다면 상속과 투자가 아닌, 노동을 통해 부자가 된 이들은 어떤 노력을 했을까요?

신입 사원 시절, 우리는 모두 같은 출발선에 섭니다. 옆 사람과는 동기이고, 언제까지 같이 갈 거라고 믿지요. 그러나 몇 년만 지나도 동기들끼리 차이가 나기 시작합니다. 누군가는 승진하고, 누군가는 승진에서 누락됩니다. 몇 년만에 이렇게 직급이 나뉩니다. 부자가 되고 싶다면 결코 회사 일에 소홀해서는 안 됩니다. 회사원이라면 어찌 되었든 목돈을 만들어 주는 기반이 월급이기 때문입니다.

그런데 출퇴근 개념이 없는 직업이 있습니다. 바로 사업가이지요. 그들에게는 눈뜨면 출근이고, 눈 감으면 퇴근이라는 말이 있을 정도입니다. 사업 초반에 들어가는 시간과 노력은 가히 상상할 수 없을 정도입니다. 그만큼 일에 단기간 몰입해 성과를 내고, 그 소득을 기반으로 부자가 됩니다. 즉, 자신의 일로 부자가 된 사람은 본업에 매진해서 소득을 높이는 일에 집중해야 합니다.

사업으로 부자가 된 사람 중, 가난한 농부의 아들로 태어나 경부고속도로 건설, 조선업 해외 진출 등의 성과를 이룬 분이 있습니다. 바로 고 정주영 회장입니다. 고 정주영 회장은 "길이 없으면 길을 찾아라. 찾아도 없으면 길을 닦아 나가야 한다."라고 말했습니다.
여러분은 어떤 걸음으로 자신만의 길을 걷고 계신가요? 부자가 되고 싶으면 내 일에 집중해야 합니다. 여러분이 일하는 분야에서 대체 불가능한, 최고의 전문가가 되려 노력하세요. '적당히'라는 말 대신 '최고'라는 말을 선택하시길 바랍니다.

탄탄한 사업체를 일군 VIP 고객들에게 늘 물어봅니다. "어떻게 사업으로 성공하셨어요?" 그러면 그분들은 모두 처음부터 성공한 건 아니었다고 합니다. 시련과 실패를 겪고, 그 경험을 바탕으로 다시 도전하는 과정을 거쳐 지금의 사업체를 일구었다고 합니다. 즉, 인생에서 운이 따르는 것도 중요하지만, 정말 성공하기 위해서는 자기 일에 몰입해야 합니다. 한마디로 자기 일에 미쳐 지내는 열정이 필요합니다.

　사업 소득을 통해서든, 근로 소득을 통해서든 돈을 모으는 과
정은 누구에게나 필요하고, 지름길이 없습니다. 직장인이라면, 그
부서에서 가장 탁월한 업무 능력을 지닌 사람이 되세요. 그리고
사업가라면 내 분야에서 독보적인 존재가 되세요. 실력을 키우면
돈은 자연스럽게 따라옵니다.

부자는
기회를 잡는다

    우리가 사는 세상은 한 치 앞도 알 수가 없습니다. 코로나19라는 바이러스가 전 세계를 강타할지, 마스크를 쓰지 않는 게 이상한 일이 되어 버릴지 아무도 몰랐습니다. 이렇게 불확실성이 넘쳐나면 변화 또한 급격합니다. 그런데 이런 변화를 통해 부를 일구는 사람도 있습니다. 코로나19가 누군가에게는 큰 피해를 입혔지만, 누군가에게는 큰 이익을 주었지요. 예를 들어, 발빠르게 온라인 시장을 개척한 사람들은 돈을 벌었습니다. 실제로 오프라인 매장은 타격을 입었지만, 온라인 매출은 증가했습니다. 세상의 모든 일에는 양면성이 있습니다. 장점이 있으면 단점이 있고, 돈을 버는 사람이 있으면 돈을 잃는 사람이 있습니다. 코로나19의 위기에서 여러분은 어떤 기회를 잡으셨나요?

우리는 살면서 여러 번의 기회를 만납니다. 기회라는 것은 참 재미있습니다. '공포'라는 가면을 쓰고 있기에 눈앞에 왔을 때는 모르다가, 시간이 지나서야 알게 되기 때문입니다. 시간이 지나서야 쓱 가면을 벗고 사실은 내가 기회였노라 말하죠. 2020년 초에 주식 투자를 시작한 사람은 지금쯤 큰 수익을 보았을 것입니다. 부동산 대책 발표에 투자 심리가 주춤했을 때 투자한 사람도 지금쯤 웃고 있을 테고요. 위기는 늘 기회입니다.

2008년은 고객의 항의를 많이 받은 해입니다. 미국의 서브프라임 모기지 사태 때문입니다. 전 세계가 패닉에 빠졌다고 할 수 있을 정도로 주식 시장이 붕괴했고, 저도 해외 주식 펀드에 투자한 분들의 항의를 많이 받았습니다. 주식과 펀드는 반 토막 나고, 하루아침에 적게는 몇백만 원, 크게는 몇천만 원씩 잃은 사람이 생겼습니다. 그런데 흥미로운 건, 이 위기 상황에 보유하고 있는 현금으로 자산을 매입한 사람도 많다는 것입니다. 이들은 위기를 다르게 보았습니다. 좋은 자산을 저렴하게 매수할 수 있는 절호의 기회로 생각하고, 과감하게 투자를 진행했습니다.
원래 위기 상황에 부의 격차가 벌어지고, 여러 번의 위기가 지나면 부의 계층이 변동하는 법입니다. 위기의 시기에 과감하게 베팅

한 사람과 두려워서 아무것도 하지 못한 사람의 차이는 시간이 흐를수록 더 벌어지지요. 살면서 겪은 여러 번의 위기 앞에서 여러분은 기회를 보셨나요, 두려움을 느끼셨나요?

부자들은 위기일 때 과감하게 투자합니다. 단, 행동하기 위해서는 전제 조건이 있어야 합니다. 경제에 대해 잘 이해하고, 경제가 곧 회복할 것이라는 긍정과 확신이 필요합니다.
주가가 하락할 때가 투자할 시기라는 것을 많은 사람이 알지만, 실제로 그렇게 행동하는 사람은 드뭅니다. 주가가 더 하락할까 봐 두렵기 때문입니다. 그러고는 주가가 오를 때 비싸게 삽니다. 그러나 영원한 상승도, 영원한 하락도 없다는 걸 경험을 통해 배운 부자는 다릅니다. 공포의 시기에 사고, 환희의 시기에 팝니다. 남들이 두려워할 때 적극적으로 매수하고, 남들이 몰려들 때 매도합니다. 즉, 대중과 반대로 행동하면서 부를 쌓아 나갑니다.

저에게도 살면서 기억나는 위기가 몇 차례 있습니다. 1997년 IMF와 2008년 서브프라임 모기지 사태, 2020년 코로나19로 인한 주가 폭락 등입니다. 코로나19가 전 세계로 퍼져 나갈 무렵, 우리나라의 코스피는 1,500선이 붕괴하였습니다. 매일같이 하락하는 주가를 보면서, 저 역시도 공포를 느꼈지요. 그러나 잠깐의 시간이 지나자 주가가 폭등하기 시작했고, 소수의 사람은 단시간에 큰돈을 벌었습니다.

고객 중 코로나19가 한창이던 2020년 3월에 목돈을 펀드에 투자해서 8월에 50%의 수익을 본 분도 있습니다. 모두가 두려워할 때 투자할 수 있는 용기가 있는 분이었습니다. 공포와 불확실성을 이겨내고 투자했기에 달콤한 수익을 맛볼 수 있었죠. 모든 투자에는 대가가 있습니다. 불안함을 극복하고 행동으로 옮겨야지만 경험이라는 자산을 만들 수 있고, 경험이 쌓여야지만 불황일 때도, 호황일 때도 돈을 벌 수 있습니다.

앞으로도 우리에게는 몇 번의 기회가 올 것입니다. 그리고 그 기회는 공포의 가면을 쓰고 있겠지요. 공포를 기회로 볼 수 있는 혜안을 갖기 위해 우리는 끊임없이 공부해야 합니다. 세계 경제가 어떻게 돌아가는지 환율을 통해 알아가고, 전 세계의 주식 시장을 꾸준히 모니터링해야 합니다. 그리고 공포를 가장한 기회가 눈앞에 왔을 때는, 확신을 갖고 행동해 기회를 꼭 내 것으로 만들어야 합니다. 난세에 영웅이 난다는 말이 있듯이, 위기는 우리에게 기회입니다.

부자는
과감하게 투자한다

얼마 전 예금 상품에 가입하러 온 고객에게 채권 펀드를 추천해 드린 적이 있습니다. 정기 예금 금리가 1%도 채 되지 않으니, 원금은 보장되지 않지만, 수익률의 변동 폭이 작은 채권 펀드가 합리적이었기 때문이지요. 그러나 그분은 평생 재테크라는 것을 해본 적이 없다며 망설이셨습니다.

저 역시도 원금 보장이 최고인 줄 알고, 안전하게 예금으로만 자산을 굴리던 시절이 있습니다. 그러나 곧, 예금만으로는 절대로 돈을 불릴 수 없다는 걸 깨달았습니다. 그렇기에 그분께 소액이라도 직접 투자해 보고, 그 경험으로 더 큰 금액을 투자해 보는 게 좋겠다고 제안한 것이죠. 그분은 어떤 선택을 하셨을까요? 약간의 고민 끝에 결국 예금만 가입하고 가셨습니다. 재테크를 몰라서 두렵다는 것이 이유였습니다.

누구나 처음은 두렵습니다. 두려움을 이겨내고 한 발 내딛는 것과 두려워서 그 자리에 멈춰서 있는 것 중 위험한 것은 후자입니다. 금융 상품에 가입하지 않는 분들은 대부분 원금 손실에 대한 우려를 이유로 꼽았습니다. 여기에서 부자와 빈자의 차이가 나옵니다. 빈자는 돈을 잃을까 봐 두려워하고, 부자는 돈을 불리지 못할까 봐 두려워합니다. 그렇기에 부자는 기꺼이 리스크를 감수하고 투자합니다. 세상에 안전하면서 수익이 높은 투자는 없습니다. 모든 투자는 리스크를 동반하고, 리스크의 크기만큼 수익으로 돌아옵니다. 아무튼 부자는 부동산이든, 주식이든 자신 있는 분야에 투자하고, 그 수익으로 더 큰 부자가 됩니다.

앞으로는 투자가 부를 결정하는 요소가 될 것입니다. 저금리 때문입니다. 향후 금리는 어떻게 될까요? 아무도 모르는 것이 미래라고 하지만, 저는 앞으로 금리가 과거처럼은 오르지 않을 거라고 생각합니다. 10년 전만 해도 은행에 돈을 맡기면 7~8%의 이자가 붙었고, 저축은행에는 10% 이상의 이자가 붙었습니다. IMF 이전에는 20% 이상의 이자가 붙는 곳도 있었습니다. 그래서 부모님 세대는 목돈을 은행에 예탁해 자녀도 키우고 노후 준비를 할 수 있었습니다. 그러나 지금은 전혀 그렇지 않습니다. 물가 상승률이 2% 남짓인데, 은행 이자는 1%도 채 되지 않습니다. 물가 상승률을 생각하면 은행에 돈을 맡기는 것이 손해인 시대입니다.

지금은 투자하지 않는 것이 가장 큰 리스크입니다. 투자는 거창한 것이 아닙니다. 저는 투자를 '펀드, 주식, 달러 등 할 수 있는 투자를 소액으로 경험해 보고, 그 경험을 통해 경제를 배우는 것'이라고 정의합니다. 내 돈으로 투자해야 더 자주 찾아보고, 관심 두게 됩니다. 투자를 이론으로만 배우고 직접 해 보지 않으면, 지식만 쌓일 뿐 자산은 절대 쌓이지 않습니다.

부자가 되고 싶다면 투자하세요. 경험을 쌓아 더 큰 투자에 뛰어드세요. 그리고 잃지 않는 투자를 위해 공부하세요. 세상에 공짜로 얻어지는 것은 없습니다. 돈을 잃을까 봐 두려워하기보다 돈을 벌지 못하는 것을 두려워하세요. 리스크를 감당하는 사람만이 부를 얻을 수 있습니다. 안전함을 찾는다면 영원히 현 상태에 머물 것입니다.

06
부자는
예금하지 않는다

왜 나는 늘 돈이 없는지 고민하고 계시나요? 돈을 벌고 싶고, 부자가 되고 싶다면 돈에 대해 알아야 합니다. 물가가 오르는 이유와 화폐의 가치가 떨어지는 이유를 알아야 합니다. 은행에 돈을 맡기는 것이 손해인 인플레이션 시대에 살고 있기 때문입니다.

여러분의 통장에 1억이 있다면 어떨까요? 현금을 갖고 있으니 기분은 좋겠지만, 곧 이 돈이 나를 부자로 만들어 주지는 않는다는 걸 깨닫겠지요. 그렇기에 사람들은 돈을 지속해서 굴립니다. 자산을 구입하고, 주식을 삽니다. 그러고 나서 남은 돈을 비상시에 대비해 은행에 예치합니다. 금리가 높은 시절에는 정기 예금으로 돈을 굴리는 분들이 많았지만, 지금은 주로 ELT나 ELS와 같은 상품에 투자합니다. ELT는 원금이 보장되지 않는 주가 연계형 신탁 상품입니다. 대부분 3년이 만기이며, 4개월이나 6개월 단위로 조기 상환되는 구조이지요. 살짝만 들어도 복잡한 느낌이라 많은 사람이 설명을 듣고 고개를 절레절레합니다. 그러나 새로운 것을 기피하고, 배우는 것을 두려워하면 평생 현재의 수준에 머물 수밖에 없습니다.

부자가 되기 위한 조건 중 하나는 평생 배우는 것입니다. 특히 우리가 사는 이 시대에 배움을 포기한다는 것은, 제자리에 있는 것이 아니라 열 걸음 정도 밀려나는 것과 같습니다.

　부자는 예금 말고도 다양한 상품에 가입합니다. 펀드, 채권, 보험은 기본이고 ELT나 외화 보험, 외화 정기 예금 등 여러 상품을 알고 투자합니다. 물론 새로운 것을 맞닥뜨리면 부담스럽고 두려울 수 있습니다. 그러나 이런 분들에게 꼭 드리고 싶은 말씀이 있습니다. 돈을 벌고 싶다면 새로운 것을 찾아 도전하세요. 돈을 벌고 싶다면 오히려 안전한 것을 피해야 합니다. 안전하다는 것은 수익성이 낮다는 것을 뜻합니다. 하이 리스크 하이 리턴(high risk high return) 정도는 아니어도, 어느 정도 수익을 보는 투자를 해야 하지 않을까요?

부자가 되기 위해서는 아껴서 돈을 모으는 것도 중요하지만, 모은 돈을 제대로 불리는 기술이 수반되어야 합니다. 돈을 모으는 것은 방패이고, 돈을 불리는 것은 창입니다. 방패만 많이 쌓아 놓는다고 전쟁에서 이길 수 없습니다. 날카로운 창이 있어야 전쟁에서 승리할 수 있습니다.

이번 장에서 드리고 싶은 말씀은 딱 하나입니다. 돈을 모아야 할 때는 알뜰하게 모으고, 돈이 모이면 확신을 수반한 투자를 통해 제대로 불려 나가시길 바랍니다. 돈이 고여 있도록 그냥 두지 마시고, 여러 방법으로 돈을 굴리세요.

부자는
허례허식이 없다

저도 부자는 드라마에 나오는 것처럼 외제 차를 타고, 휘황찬란한 장신구를 착용하고 다니는 줄 알았습니다. 그러나 부자들은 사실 매우 검소합니다. 10년 전에 뵌 분인데도 기억나는 VIP 고객이 계십니다. 부동산 임대 소득으로 몇천만 원씩 벌어들이는 분이었는데, 늘 같은 외투를 입고 다니셨습니다. 정갈하고 수수한 외투였지요. 참 허례허식이 없는 분이라는 생각이 들며, 부자의 자세를 배울 수 있었습니다.

부자가 되는 방법을 알려드리겠습니다. 바로 버는 돈보다 쓰는 돈이 적으면 됩니다. 100만 원을 벌면 100만 원보다 적게 소비하고, 1,000만 원을 벌면 1,000만 원보다 적게 소비하면 되지요.

지출이 소득을 넘어서면 안 되는 것이 부자가 되기 위한 기본 중의 기본입니다. 그러나 이 기본마저 지키지 못해 카드빚에 허덕이는 사람이 있습니다. 돈을 모아야겠다는 생각이 들면, 불필요한 소비부터 줄이세요. 카드 명세서를 자세히 보면, 생각지도 못하게 소소한 지출이 많다는 것을 알게 될 것입니다.

저는 연봉이 4,000만 원이었던 시절과 1억에 가까운 지금의 소비에 변화가 없습니다. 오히려 그때보다 줄었습니다. 물론, 해외여행을 밥 먹듯이 가고, 명품 가방을 척척 사던 때도 있었습니다. 특가라고 하면 필요하지도 않은데 일단 사고 보기도 했습니다. 그러나 지금은 그렇지 않습니다. 쇼핑을 멀리하고, 소유한 물건을 소중히 다루지요. 이런 습관을 들이고 나니 소비가 대폭 줄었습니다. 옷도 입을 수 있을 때까지 입고, 구두도 신을 수 있을 때까지 신습니다. 어떤 물건이든 사물이 아니라, 저와 함께하는 동반자라 여기면서 말이지요. 그리고 이는 부자들의 생활 습관이기도 합니다.

많은 사람이 부자는 한 끼에 몇십만 원짜리 식사를 하고, 사고 싶은 걸 고민 없이 산다고 생각하는데, 실상은 다릅니다. 돈을 통제할 줄 알고, 허례허식을 버려야 나에게 들어온 돈을 지킬 수 있다는 걸 부자들은 너무나 잘 알고 있습니다.

　이 장을 다 읽었다면, 이번 달 소득은 얼마이고, 카드값은 얼마인지 살펴보시길 바랍니다. 소득보다 지출이 많지는 않은지, 필요 없는 물건을 사지는 않았는지 점검해 보세요. 부자가 되기 위한 기본은 '버는 것보다 적게 쓰기'라는 것을 꼭 기억하시길 바랍니다.

부자는 돈이 아닌
자산을 모은다

　가짜 돈과 진짜 돈이 있다는 사실을 알고 계신가요? 가짜 돈은 무엇이고, 진짜 돈은 무엇일까요? 돈을 종이에 불과하다고 생각하면, 돈 모으는 것이 그리 어렵게 느껴지지 않습니다. 그러나 종이가 아닌, 자산을 가지고 있어야 진짜 돈을 갖고 있다고 말할 수 있습니다. 실제로 부자들은 현금이 아닌, 실물 자산에 투자하는 것을 선호합니다.

　코로나19로 인해 정부는 다양한 복지 정책을 펼치고 있습니다. 많은 사람이 이 혜택을 누렸고, 저 역시도 혜택을 받았습니다. 그러나 이 혜택은 공짜가 아닙니다. 국민의 세금으로 충당한 것이기 때문이지요. 더 많은 혜택을 제공하려면 더 많은 세수가 유입되어야 할 것입니다.

정부에서 거둬들이는 세금에는 여러 종류가 있지만, 그중 부동산 보유세, 취득세, 재산세 등의 세금을 많이 거두기 위해서는 집값이 오르는 것이 유리합니다. 바꿔 말하면 집값이 올라야 세금을 더 많이 걷을 수 있고 지금과 같은 복지 정책을 펼칠 수 있습니다. 물론, 정부의 정책 때문이 아니더라도 집은 공급 부족으로 인해 몇 년간 더 오를 것입니다. 그리고 집값이 오를수록 내 현금 자산의 가치는 떨어지겠지요. 몇 년 전만 해도 5억에 살 수 있던 집이 현재는 10억이 되었습니다.

이런 상황에 현금은 가짜 돈입니다. 현금으로 5억을 갖고 있던 사람들은 현재 집 한 채도 살 수 없게 되었습니다. 그러나 진짜 돈이라고 말할 수 있는 자산을 보유한 사람은 5억의 시세 차익을 고스란히 가져가게 됩니다. 진짜 돈과 가짜 돈. 여러분은 어떤 돈을 원하시나요?

현금 보유가 리스크라는 말이 있습니다. 저축이 미덕인 시대는 지났습니다. 저축으로 모은 현금으로 자산을 꾸준히 매입하는 것이 부자가 되는 길입니다. 부동산도 좋고, 주식도 좋습니다. 유명한 기업, 지속적인 성장이 가능한 기업의 주식을 사 두면 더 빠르게 부자가 될 수 있습니다. 주식을 매수한다는 것은, 그 기업의 주주가 된다는 말입니다.

지금 보유한 자산 중 얼마가 현금 자산이고, 얼마가 실물 자산인지 파악해 보세요. 그리고 내가 보유한 돈의 가치가 1, 2년 뒤에 얼마나 될지 고민해 보세요. 자본주의 사회에서 부자가 되기 위해서는 이를 빨리 깨달아야 합니다. 돈을 고여 있게 하지 말고, 그 돈이 나를 위해 열심히 일하게 하세요. 현금은 리스크에 대비할 정도만 보유하면 충분합니다. 무조건 현금이 최고라는 생각을 버리고, 실물 자산에 투자해 리스크 헤지(Risk-hedge) 하셨으면 좋겠습니다.

부자는
배움에 투자한다

부자는 끊임없이 배우고, 배움에 투자합니다. 세상 돌아가는 데에 관심이 많으며, 특히 경제 분야에 흥미를 느낍니다. 그들은 배움이 돈이라는 것을 알고 있습니다. 배우지 않으면 도태하고, 큰돈을 벌 수 없다는 사실도 말이죠.

요즘은 스마트뱅킹이 발달해 많은 은행 업무를 모바일로 볼 수 있습니다. 그러나 스마트뱅킹을 활용하는 사람은 드뭅니다. 복잡해서 싫다는 이유이지요. 그런데 얼마 전, 80세가 훌쩍 넘은 어르신이 스마트뱅킹을 배우겠다고 찾아오셨습니다. 스마트폰에 인증서를 깔고 기꺼이 배움을 자청하셨지요. 이런 배움의 자세가 부자로 만든다고 생각합니다. 경제 분야도 마찬가지입니다. 모르는 단어가 나오면 찾아봐서 내 것으로 만드는 사람이 있고, 그냥 넘기는 사람이 있습니다. 모르는 분야에 대해 직접 배우는 사람이 있고, 그렇지 않은 사람이 있습니다. 이는 결국, 자산뿐 아니라 인생의 질에서도 큰 차이를 보일 것입니다.

배움에 투자하는 가장 쉬운 방법은 신문을 보는 것입니다. 종이 신문을 추천합니다. 인터넷 신문은 자극적인 헤드라인이 대부분이고, 관심 있는 분야만 보게 하기 때문입니다. 그러나 종이 신문은 다양한 분야를 정독하게 합니다. 경제에 대해 배우고 싶다면 종이 신문을 구독하세요.

배움에 대한 투자는 업무 역량을 키우는 데도 필요합니다. 회사원이라면 배움을 통해 그 분야의 전문가가 되세요. 전문가가 되면 몸값이 높아집니다. 즉, 배우면서 소득을 올릴 수 있습니다. 사업가라면 세미나에 참석하고 책을 읽으며 통찰력을 갖추시길 바랍니다. 저 역시 학교만 졸업하면 공부는 끝이라고 생각했습니다. 회사에 다닐 때도 자격증 취득에만 시간을 할애할 뿐, 진짜 나를 위한 공부는 하지 않았지요. 그러나 공부는 졸업 후가 진짜 시작입니다. 퇴근하고 친구들과 수다를 떨며 스트레스를 해소할

게 아니라, 꼭 필요한 공부를 시작하세요. 하루 한 시간이 모여 1년에 365시간이 되고, 날짜로 따지면 15일 내내 공부한 것과 마찬가지지요. 이렇게 공부해서 지식을 쌓고, 몸값을 높이면 연봉 협상에서도 우위에 서게 됩니다. 더 좋은 직장으로 이직할 수도 있고, 승진할 수도 있습니다. 즉, 배움에 투자한다는 말은 돈을 번다는 말과 일맥상통합니다.

한 달에 얼마씩 배움에 투자하시나요? 손톱을 손질하는 데에 투자하기보다 강의를 듣고 자격증을 따는 데에 투자하는 건 어떨까요? 배워서 몸값을 올리는 것이 진짜 투자이며, 부자가 되기 위한 길입니다. 지금은 평생직장의 개념이 사라지고, 모두 직업인이 되어야 하는 시대입니다. 끊임없이 나 자신을 발전시키지 않으면 도태하고 맙니다. 부자가 되고 싶다면 끊임없이 성장하시길 바랍니다.

부자는
절제한다

요즘은 어디서든 광고를 보게 됩니다. 스마트폰을 사용하며 전 세계의 다양한 광고에 노출되고, 그만큼 소유하고 싶고, 소비하고 싶은 것도 많아졌지요. 버는 돈은 한정적인데 사고 싶은 것은 더 많아지는 현실. 여러분은 무언가를 갖고 싶다는 갈망과 소유욕을 어떻게 해결하시나요?

부자가 되기 위해서는 절제하는 법을 배워야 합니다. 당연한 말이지만, 갖고 싶은 것을 다 가져서는 결코 부를 쌓을 수 없습니다. 어느 정도 자산이 쌓일 때까지는 소유욕을 절제해야 합니다. 이 시간을 잘 보내면, 어느 정도 자산이 쌓이고, 돈에 대해 자유로워지는 순간이 옵니다. 평생 돈 걱정하며 사는 것과 몇 년만 고

생하고 평생 자유롭게 사는 것 중 여러분은 무엇을 선택하실 건가요?

경제적 행복을 이루는 데는 두 가지 방법이 있습니다. 소유욕을 절제하거나, 갖고 싶을 걸 살 수 있을 만큼 돈을 많이 버는 것이죠. 둘 중 어떤 방법을 선택할지는 각자의 몫이지만, 보통 부자들은 두 방법 모두 이용합니다. 일정 기간은 절제하고, 절제 후에 오는 행복을 오래 느끼지요.

그런데 대부분의 사람이 반대의 선택을 합니다. 지금 당장 갖고 싶은 물건을 사고, 소득에 맞지 않는 차와 옷을 삽니다. 그리고 그 빚을 갚기 위해 노예처럼 일합니다. 당장의 만족과 쾌락을 추구하는 것도 습관입니다. 소유욕을 충족하기보다 소유하기 위해 노력하는 과정을 기꺼이 즐겨야 합니다. 통장에 쌓이는 돈을 보는 기쁨, 투자로 수익을 내 보는 경험 등을 즐기며 목표를 향해 차근차근 걸어가세요.

많은 사람이 '내가 돈을 더 많이 벌면 부자가 될 텐데…'라고 생각합니다. 하지만 수입이 늘면 소비도 느는 법입니다. 그러니 돈을 많이 버는 법을 연구하기보다, 절제하는 습관부터 들이는 것이 바람직합니다. 그렇지 않으면 큰돈을 벌어도 지키지 못합니다.

  지금까지 부자들의 습관과 사고방식을 이야기했습니다. 정답은 아니지만, 이 중 하나만 내 것으로 만들어도, 돈을 모으는 게 쉬워지고, 돈을 불리는 재미를 알게 될 거라 확신합니다. 까마득해 보이는 1억, 10억이라는 돈이 결코 멀리 있지 않음을 아셨으면 좋겠습니다. 1억을 모으기 위해서는 1,000만 원을 모아야 하고, 1,000만 원을 모으기 위해서는 100만 원을 모아야 합니다. 결국, 재테크란 하나씩 쌓아가는 것입니다. 저는 일확천금을 바라지 않기에 로또를 사지 않습니다. 불확실한 것에 1,000원을 투자하기보다, 확실하게 쌓이는 저축에 1,000원을 투자하지요. 로또를 사는 대신, 그 돈을 모으는 걸 선택하시면 좋겠습니다.

  돈을 모으는 기간에는 철저하게 모으며, 재테크와 자산에 대해 치열하게 공부해 나가시길 바랍니다. 이런 사고방식으로 돈을 모으면, 원하는 부를 쌓을 수 있을 것입니다.

은행원은 어떻게 돈을 모을까?

:: 당신은 부자 마인드를 가졌나요? ○, X로 표시하세요. ::

1	돈을 반듯하게 펴서 지갑에 보관한다	
2	플래너로 스케줄과 시간을 관리한다	
3	내 분야를 위한 강의를 듣거나, 자격증을 준비하고 있다	
4	소액이지만 주식에 투자하고 있다	
5	경제에 관심을 두고 공부하고 있다	
6	예금 외에 펀드나 주식, 달러 상품에 가입되어 있다	
7	새로운 단어, 서비스에 관심이 있고 적극적으로 알아본다	
8	가계부를 작성하며 돈을 관리하고 있다	
9	내 수입에 맞는 생활을 하고 있다	
10	재테크에 관심이 있다	

· ○가 7개 이상이다: 당신은 재테크의 고수입니다.
· ○가 4~6개이다: 재테크 중수입니다. 분발하세요.
· ○가 3개 이하이다: 재테크 초보입니다. 돈에 대해 적극적으로 배울 필요가 있습니다.

투자 마인드

매일 새벽 3시에 일어나는 이유

무언가를 배우기 위해서는 시간이 필요합니다. 아이가 걷기 위해 수천 번의 시도와 노력을 하는 것처럼 말입니다. 그러나 대부분의 직장인이 시간을 제대로 활용하지 못합니다. 그러므로 시간에 대해 철저히 기록하고 분석해 볼 필요가 있습니다. 여러분은 자신만의 시간을 얼마나 가지시나요? 혹시 시간이 전혀 없다고 느끼시나요?

저는 두 아이를 키우며 일하는 워킹맘입니다. 아이를 키우고 회사에 다니며 언제 글 써서 책까지 내느냐고 묻는 분들이 계시는데, 저는 늘 같은 대답을 합니다. 저는 쓸 수 있는 시간이 많다고요.
사실 저도 시간이 늘 부족했습니다. 하루의 반을 회사에서 보내고 나서, 저녁나절에는 아이들과 시간을 보내고, 밤이 되면 지쳐서 잠들기 일쑤였지요. 이렇게 저도 시간은 늘 부족하고, 저에게 오롯이 시간을 쓴다는 건 사치로 느껴졌습니다.

그러나 손놓고 있을 수는 없었습니다. 최선을 다해 저에게 쓸 수 있는 시간을 찾아야 했습니다. 시간이 없어서가 아니라, '그럼에도 불구하고' 할 일을 하고 싶었지요. 그렇게 새벽 시간을 찾았습니다. 새벽 3시에 일어나 남들보다 일찍 하루를 시작했지요. 가장 에너지가 충만

한 시간인 이른 새벽을 활용해 저를 위한 시간을 가졌습니다.

새벽 기상. '미라클 모닝'이 유행했던 시기가 있습니다. 저는 미라클 모닝이라기보다 '미라클 미드나이트'가 조금 더 정확할 것 같습니다. 이른 새벽에 일어나 출근 전까지의 시간을 저에게 사용합니다. 새벽 기상의 장점은 '성취감'입니다. 오늘 꼭 해야 할 일을 마치고 출근하는 기분은 정말 상쾌합니다. 두 번째 장점은 '주도성'입니다. 누군가 시켜서 하는 일이 아니라 내가 원해서 하는 일을 하는 것만으로도 자존감이 높아집니다. 단, 새벽에 일어나려면 노력이 필요합니다. 의지에 기대지 말고 습관에 기대야 합니다. 저는 일어나자마자 저 기상 사진을 찍고 블로그에 올리는 장치를 마련해 지속하고 있습니다. 세 번째 장점은 '건강'입니다. 일찍 일어나야 하니, 일찍 자고 규칙적인 생활을 하게 되지요. 다이어트는 덤입니다.

저는 새벽 시간을 활용해 많은 것을 이루었습니다. 블로그를 시작했고, 유튜브를 찍고, 부동산을 공부하고, 책을 썼지요. 시간이 없다고 생각하시는 분들에게는 더더욱 새벽 기상을 추천합니다. 나에게 주어진 시간이 많다는 것을 알게 될 것입니다. '나는 시간이 없어. 나는 출퇴근길이 멀어. 나는 매일 야근이야.'라는 생각을 하는 분들에게 마지막으로 하고 싶은 이야기가 있습니다. 정말 시간이 없는지 생각해보고, 주어진 여건과 환경 안에서 묵묵히 해 나갈 수 있는 걸 하셨으면 합니다. 아무것도 하지 않으면 아무 일도 일어나지 않습니다. 딱 한 번뿐인 인생, 남이 시키는 일 말고 내가 주도적으로 하는 일을 많이 만드세요. 그럴수록 인생이 다채로워집니다.

PART 2

투자 1단계 :
신입 사원의
종잣돈 모으기

과연 어떻게 부자가 될까요? 특히 먹고 살 정도밖에 받지 못하는 신입 사원이라면요? 부자가 되기 위해서는 어떻게든 종잣돈을 모아야 합니다. 그래야 투자도 해 보고 돈을 빠르게 불릴 수 있습니다. 이 장에서는 사회 초년생들의 생활비 아끼는 법, 돈 모으는 법, 현명하게 재무 계획을 세우는 법을 이야기합니다.

부자가 되는
가장 쉬운 방법

부자가 되고 싶다면 딱 세 단계만 실행하면 됩니다. '절약하고, 저축하고, 투자하는 것'입니다.

첫 번째 단계인 '절약'은 부자가 되기 위한 기본 중의 기본입니다. 절약하지 않으면 돈을 모을 수 없기 때문입니다. 얼마나 아껴야 하느냐고 묻는다면, 생존에 필요한 것만 구매하는 습관을 들이라고 말씀드리고 싶습니다. 돈을 모으는 기간에는 먹거리와 생필품만 구매하고, 문화생활이나 취미 활동은 자제하는 것입니다. 푼돈 모아 봐야 푼돈이라고 생각하면 절대로 돈을 모을 수 없습니다. 돈을 모으는 시기에는 처절하게 모아야 합니다. 이렇게 버티며 몇 년만 모으면 원하는 것을 마음껏 살 수 있는 시기가 옵니다. 인내하지 못하면, 평생 돈 때문에 하고 싶은 걸 하지 못하게 됩니다. 고생한 만큼 보상이 따르는 법입니다. 돈을 모으는 기간은 고생스러워도 반드시 그만큼 목돈이라는 보상으로 돌아올 것입니다.

소비도 습관입니다. 돈을 쓰지 않는 습관을 들이면 안 쓰는 게 당연해집니다. 오히려 돈을 안 쓰다가 쓰면 '이 소비가 현명한 걸까?'라는 고민도 해 보게 됩니다. 그러나 돈을 쓰는 습관을 들이면 '어제도 썼는데, 이번 한 번쯤은 괜찮겠지, 뭐.' 하며 안일하게 돈을 쓰게 됩니다. 소비도 습관이며, 돈을 펑펑 쓰는 사람보다 절약하는 사람에게 돈이 모이는 것은 당연합니다. 다시 한번 이야기하지만, 이렇게 절약해야 하는 시기는 젊었을 때 단 몇 년뿐입니다. 이 시기에 현명하게 절약하고, 저축하고, 돈을 불리면 몇십 년을 돈 걱정 없이 보낼 수 있습니다.

부자가 되는 두 번째 단계는 이렇게 절약한 돈을 저축하는 것입니다. 푼돈을 모으라는 게 아니라, 목돈을 모으라는 뜻입니다. 제가 말하는 목돈의 기준은 1,000만 원입니다. 주식 투자를 해도 1,000만 원은 해야 10% 수익이 났을 때 100만 원을 벌 수 있습니다. 부동산도 최소한 1,000~2,000만 원 이상의 목돈이 있어야 투자할 수 있습니다.

돈은 굴리다 보면 불어나는 속성이 있습니다. '스노볼 효과(Snowball effect)'라고 하여, 주먹만한 눈덩이를 굴리고 굴리다 보면 커다란 눈덩이가 되는 것에 비유한 말이지요. 그러므로 우리는 목돈을 만드는 데에 집중해야 합니다. 돈을 모으지 못하는 사람은 평생 부자가 될 수 없습니다. 한 번도 1,000만 원을 모아 본 적이 없다면, 눈 딱 감고 6개월에서 1년 정도의 기간을 정해 1,000만 원을 만드세요. 그래야 투자든 사업이든 시작할 수 있으며 빠르게 돈을 불릴 수 있습니다.

부자 되는 마지막 단계는 '투자'입니다. 투자는 '던질 투(投)'에 '재물 자(資)'를 씁니다. 즉, 재물을 던지는 것입니다. 안 쓰고 모아 만든 목돈을 던져서 수익을 만드는 것이지요. 투자라고 하면 뭔가 대단한 말 같지만, 우리가 추구하는 투자는 수익률 1,000%의 거창한 게 아닙니다. 물가 상승률보다는 높은 정도인, 4~5%의 수익을 얻는 경험을 해 보세요. 월세 500만 원, 1,000만 원을 받는 건물주들도 이런 경험을 시작으로 막대한 부를 이룬 것입니다.

첫 투자부터 성공하는 스토리는 흔치 않습니다. 대부분은 작은 돈으로 작은 경험을 쌓아가며 투자에 대해 공부하고, 절대 잃지 않겠다는 확신이 들면 목돈을 투자해 평균 이상의 수익을 냄으로써 부자가 되지요.

세상에 안전하면서 수익을 많이 내는 투자가 있을까요? 단언컨대, 그런 투자는 없습니다. 모든 투자에는 원금 손실과 시장 하락의 리스크가 따르는 법입니다. 이런 리스크를 감당할 수 있는 수준에서 투자해야 실패하지 않습니다. 대출을 받고, 전 재산을 끌어모아 투자하기보다는 작은 투자 경험을 지속해서 쌓으시길 바랍니다. 부동산이든, 주식이든, 달러 투자든 모든 투자가 그러합니다.

부자가 되고 싶다면 위에 말씀드린 '절약하기, 저축하기, 투자하기' 세 단계만 지키면 됩니다. 백만장자도 금수저도 아니라면 모두 위의 단계를 거쳐서 부를 축적합니다.

사실 부자가 되는 법은 간단합니다. 똑똑하다고 부자가 되는 게 아니라 우직하게 돈을 모으는 과정을 즐기고, 끊임없이 공부하는 사람만이 부자가 될 자격을 얻습니다. 여러분의 소비 습관은 어떠한가요? 돈을 얼마나 모으고 계신가요? 투자에 대해 공부하고 계신가요? 자신에게 질문하고, 하나라도 NO라는 답이 나온다면, YES라는 대답으로 바꿀 수 있도록 노력하세요. 한 단계라도 어긋나거나 부족하면 부자가 될 수 없습니다.

평범한 직장인도
부자가 될 수 있다

어느덧 직장 생활 14년 차가 되었습니다. 한때는 취직만 하면 돈을 벌어서 부자가 되어 있을 줄 알았습니다. 그러나 막상 직장 생활을 해 보니 그렇지가 않았습니다.

사실 직장인이 부자가 되려면, 버는 돈보다 적게 쓰고, 그 돈을 차곡차곡 모아 투자하는 게 답입니다. 시간이 필요한 일입니다. 매달 안정적으로 돈이 들어오지만, 그 금액이 많지는 않기 때문입니다. 사회 초년생이라면 더욱 그렇습니다. 사회 초년생 시절에는 회사에 크게 기여한다기보다 일을 배우는 처지이므로 회사에서 그 정도의 급여를 주는 게 당연합니다. 그러다가 연차가 쌓이고 승진하면 연봉이 높아지지요. 그러나 억대 연봉을 받는다고

다 부자가 되는 게 아닙니다. 연봉이 1억 이상인데도, 돈 때문에 일하는 사람이 많습니다. 회사에서는 인정받고 승승장구하는 성공한 직장인일지 몰라도, 사회적으로는 그저 열심히 일하는 평범한 직장인 일지도 모르지요.

직장인이 부자가 되는 방법은 하나뿐입니다. 지출을 줄이고, 저축하고, 투자하세요. 세 가지 다 충족되어야 부자가 됩니다. 대부분의 직장인은 회사에서 일하느라 투자에 관심이 없습니다. 지출을 줄이고 저축하는 사람은 많지만, 투자까지 하는 사람은 드물지요.

안정적이지만 적은 월급을 받는 직장인이라면 반드시 돈에 대해 공부하시길 바랍니다. 인터넷을 검색하기보다 책을 사서 공부하세요. 인터넷에는 가짜 정보와 전문가로 위장한 사람이 너무 많습니다. 자칭 전문가라고 하는 사람의 자산이 얼마인지도 모르고 맹신하다가 돈을 잃는 경우를 많이 보았습니다. 반면 책은 정직합니다. 시의성이 있기는 하지만, 진리는 불변이며 공신력 있는 저자의 노력과 경험에 대한 이야기를 커피 두세 잔 값으로 살 수 있다면 현명한 소비입니다.

은행을 내 집처럼
이용하라

여러분은 은행에 자주 가시나요? 솔직히 말하면, 저는 은행을 무서워하는 사람이었습니다. 너무 삭막해 보였거든요. 그러나 부자가 되고 싶다면 은행에 자주 방문하세요. 은행에 가면 수익률 좋은 상품이나 대출에 대한 정보를 가장 빠르게 접할 수 있습니다. 저는 은행에 자주 드나들며 은행원에게 소식을 듣고, 정보 나누기를 추천합니다. 은행을 내 집처럼 이용하세요. 특히 은행원 중에는 재테크에 빠삭한 사람도 많습니다. 이런 직원을 알게 된다면 친해지세요. 알짜 정보를 많이 접할 수 있습니다.

저 역시도 많은 고객을 만납니다. 고객 만족이 우선시 되는 곳이라 모든 고객에게 친절하려고 노력합니다. 그런데 더 마음이

은행원은 어떻게 돈을 모을까?

가는 고객이 있기 마련입니다. 그런 분에게는 더 잘되셨으면 하는 마음에 숙고해서 상품을 추천하고는 합니다. 늘 반갑게 인사해 주시는 고객, 따뜻한 말 한마디를 건네는 고객이 그러합니다. 이런 분은 저에게도 거리낌 없이 좋은 정보를 나눠 주십니다. 어느 날 공인 중개사인 고객을 만난 적이 있습니다. 저도 투자자로서 여러 중개소를 다니다 보니, 공인 중개사라는 직업에 관심이 많았습니다. 어떻게 하면 공인 중개사가 될 수 있는지 물어보니, 그분은 선뜻 저에게 명함을 내밀며 시간 될 때 언제든 찾아오라고 하셨습니다. 이런 고객을 만나면 저는 큰 선물을 받은 기분이 듭니다.

저는 은행원과 고객의 관계가 아니라, 사람 대 사람으로 서로에게 도움이 되는 관계를 만들기 위해 노력합니다. 기버스 게인 (giver's gain)이라는 말이 있습니다. 받는 사람보다 주는 사람이 성공한다는 말입니다. '내가 저 사람에게 어떤 도움이 될 수 있을까?'를 생각하다 보면 나를 찾는 사람이 많아집니다. 은행에 갈 때도 이 말을 기억하세요. 좋은 관계는 큰돈으로 돌아올 수 있습니다. 은행은 금융 상품을 판매하는 곳이지만 근본적으로는 고객의 소중한 돈을 모아 주고 불려 주는 곳이기도 합니다. 고객은 은행에서 자산을 안전하게 지키고 돈을 불리기를 기대하므로, 은행에서는 다양한 상품을 권유하지요. 가끔 제가 권유해서 투자를 시작하고 수익이 나서 기뻐하는 고객을 보면 정말 뿌듯함을 느낍니다.

시간이 없어 은행에 직접 방문하기 힘들다면, 인터넷으로라도 은행 사이트에 자주 방문해 보세요. 요즘에는 비대면으로 모든 업무가 가능하고, 상품 설명도 자세합니다. 은행 사이트만 자주 들여다보아도 신상품, 인기가 많은 상품, 금리와 환율 등을 알 수 있습니다. 그외에도 '펀드슈퍼마켓', '펀드 다모아'나 저축은행 금리를 비교할 수 있는 '저축은행 중앙회', 1금융권 상품을 비교할 수 있는 '금융상품한눈에' 사이트도 추천합니다.

가장 중요한 것은 관심입니다. 여러분은 하루에 어떤 생각을 가장 많이 하시나요? 저는 돈에 대한 생각을 가장 많이 합니다. 근무할 때는 자의 반 타의 반으로 돈에 대해 생각하고, 근무 외 시간에는 자산을 구축하는 법, 자산을 불리는 법에 대해 고민합니다. 여러분도 저처럼 돈에 대해 조금 더 관심을 두고 공부하시길 바랍니다.

은행원은 어떻게 돈을 모을까?

원하는 것과 필요한 것
구분하기

여러분은 한 달에 얼마를, 어디에 소비하시나요? 카드 명세서를 보며 소비한 내용을 돌아보는 시간을 갖고 계시나요? 지금부터 원하는 것과 필요한 것을 구분하는 법을 알려드립니다.

일단, 무언가 사기로 마음먹었다면 '꼭 필요해서 사는 것인지, 원해서 사는 것인지'를 구분하세요. 그리고 꼭 필요한 물건이라면 최대한 합리적인 선에서 선택하고, 원해서 사는 것이라면 한 번 더 생각하세요. 보기만 해도 설레고, 가치 있어 보이고, 오래 쓸수 있을 것 같아서 산 물건을 애물단지로 만들어 버린 경험이 있으신가요? 물건을 살 때 여러분의 마음을 들여다보며, 사야 할 이유를 만들어 합리화하는 건 아닌지 살펴야 합니다. 어떤 물건이든 이렇게 필요한 것과 원하는 것을 구분해서 사는 습관을 들이세요.

이번에는 한 달간 어떤 소비를 했고, 어떤 부분을 절약했는지 확인하는 방법을 알려드리겠습니다. 일단 매달 카드 명세서를 분석하세요. 한 달간 어떤 물건을 샀고, 어디에 소비했는지를 파악해 가계부를 쓰는 것입니다. 가계부를 쓴다는 건 내 돈의 사용처를 파악한다는 뜻입니다. 미리 자금 상황을 계획하고, 불필요한 지출을 줄이는 데에 도움이 됩니다.

사회 초년생 때는 목돈을 모아야 할 시기이니 반드시 가계부 쓰기를 시작하세요. 저는 단순하게 작성하시길 추천합니다. 너무 복잡하면 지속하기 힘듭니다. 고정비, 식비, 생필품비 등의 항목을 간단히 분류해 예산을 잡아 생활하세요. 그러고 난 뒤, 어느 정도 자산이 쌓이면 가계부가 아닌 재무 상황을 매달 점검하시길 바랍니다. 가계부 쓰기가 나무를 보는 것이라면 재무 상황 점검은 숲을 보는 것입니다. 즉, 사회 초년생 때는 생활비를 줄여서 월급을 모으는 법을 익히고 일정 기간이 지나면 큰 지출과 수입의 흐름을 파악하는 것이 좋습니다. 저 역시 그렇게 월급 외의 수익을 관리하고 있습니다.

바둑에 복기라는 말이 있습니다. 내가 둔 수를 다시 하나하나 둬 보며 배움을 얻는 것을 말합니다. 이미 쓴 돈이라고 생각해 지출 내용에 대해 생각해 본 적이 없다면, 반드시 종이로 된 명세서를 보며 하나씩 복기하시길 바랍니다. 불필요한 소비는 없었는지, 기분 전환하려고 충동적으로 산 물건은 없었는지 말이죠. 사회 초년생에게는 이런 습관이 매우 중요합니다.

주식 투자자 워런 버핏은 '저축하고, 투자하라. 그리고 또 저축하고 투자하라'라고 했습니다. 그는 태어날 때부터 부자였을까요? 그는 원래 신문 배달원이었습니다. 그는 신문을 배달하며 적은 돈이지만 열심히 벌어 모았고, 그렇게 모은 돈을 오직 미래를 위해 투자했습니다. 사람은 먼 미래보다 현재에 만족하는 걸 좋아합니다. 그래서 저축을 힘들어 합니다. 그러나 진짜 부자가 되고 싶다면, 남의 시선은 신경 쓰지 말고, 아끼고 저축하세요. 좋아하는 일만 해서는 절대로 부자가 될 수 없습니다. 지금 당장 싫고, 어렵고 힘든 일도 기꺼이 할 때만 부자가 될 수 있습니다.

신용카드를 쓰면
부자가 될까?

저는 은행에서 상품을 권유하고 판매하는 일을 합니다. 신용 카드도 그중 하나입니다. 그러나 솔직히 말하자면, 저는 신용카드 보다는 체크카드를 추천합니다. 저도 대부분의 소비를 체크카드 로 합니다. 직장인에게는 연말 정산 혜택도 더 크지요. 그렇다면 신용카드와 체크카드는 어떤 차이가 있을까요?

먼저 체크카드는 통장과 연결되어 있어서 내가 가진 돈의 범 위 내에서만 소비할 수 있습니다. 즉, 통장에 돈이 있어야만 쓸 수 있고, 있는 만큼만 쓸 수 있습니다. 그래서 체크카드를 쓰면 자 연스럽게 소득 안에서 지출하는 습관을 기를 수 있습니다.
신용카드는 말 그대로 신용을 기본으로 합니다. 내 신용도를 바탕으로 산출된 한도 내에서 돈을 쓰고 갚는 방식으로, 통장에 돈이 없어도 돈을 쓸 수 있습니다. 이런 면에서 신용카드는 엄밀히 말하면 대출과 같습니다. 돈을 빌리는 것을 대출이라고 정의한다면 신용카드 역시 대출이라고 보는 게 옳습니다. 일시불은 무이자 대출이라고 볼 수 있지요.

사실 신용카드 사용 자체가 문제는 아닙니다. 문제는 자제력이 없는 사람이 무분별하게 카드를 사용해서 연체하고, 신용이 하락하는 것입니다.

돈보다 소중히 여겨야 하는 게 신용입니다. 신용이 있어야 누군가가 나에게 돈을 빌려줍니다. 돈 자체가 신용을 바탕으로 생겨난 것이므로, 경제활동을 하려면 신용 관리에 신경 쓸 수밖에 없습니다. 게다가 한 번 떨어진 신용은 다시 올리기도 어렵지요. 20대의 사회 초년생들이 카드값을 연체하고, 이로 인해 신용이 떨어지고, 빚 독촉에 시달리는 것을 자주 보았습니다. 돈에 대한 교육을 받아본 적이 없기 때문입니다.

제가 사회 초년생일 때 들인 좋은 습관 중 하나가 체크카드 사용입니다. 신용카드를 쓰면 다음 달 갚아야 할 돈이 있다는 게 부담스럽고 싫었습니다. 차를 사거나 해외여행을 갈 때도 돈을 모아서 체크카드로 결제했지요. 즉, 저의 소비 방식은 갖고 싶은 물건이 생기면 일단 사서 갖는 게 아니라, 그 물건을 사기 위해 필요한 돈을 계산하고, 매달 모아야 할 돈을 산출해 저금한 다음 사용하는 식입니다. 사회 초년생이라면 이런 소비 습관을 갖는 게 장기적으로 유리합니다.

그렇다면 신용카드는 만들지 말아야 할까요? 아닙니다. 하나는 만들어 둬야 합니다. 은행이나 금융사에서 대출을 받으려면 금융 이력이 필요하기 때문입니다. 금융 이력이 부족한 신 파일러(Thin filer)는 대출이 거부될 수도 있습니다. 그러므로 사회 초년생은 카드의 한도를 정하고 그 안에서 사용하는 습관을 들여야 합니다. 이런 습관은 통제력을 길러 주고, 통제력은 추후 소비뿐 아니라 인생 전반에 중요한 덕목이 될 것입니다.

2001년, "부자 되세요~"라는 멘트가 히트를 한 카드 광고가 있었습니다. 그러나 카드를 쓰면 내가 아니라 카드사만 부자가 된다는 걸 기억하세요. 내가 사용하는 금액의 일부가 카드사의 수익이 되기 때문입니다. 내가 돈을 쓰면 누군가 돈을 번다는 말은 역으로 내가 돈을 벌려면 누군가가 나에게 돈을 지불해야 한다는 말입니다. 이는 내가 가치 있는 무언가를 생산하고 제공해야 돈을 벌 수 있다는 말이지요. 이런 식으로 소비가 아니라 상품을 제공하는 사람의 입장으로 생각하세요. 그래야 돈을 벌 수 있습니다.

신용카드와 체크카드, 여러분은 주로 무엇을 사용하시나요? 소비가 쉬운 세상입니다. 지금은 간편 결제 서비스가 잘되어 있어 돈 쓰기가 더 쉬워졌지요. 이럴 때일수록 자산을 지킨다는 생각으로, 빚으로 구매하는 습관이 아닌, 차근차근 돈을 모아서 구매하는 습관을 들여 보세요. 그리고 소비성 자산이 아닌, 가치가 더해지는 자산을 쌓아 나가시길 추천합니다.

소비에도 종류가 있습니다. 돈이 줄어드는 소비와 돈이 늘어나는 소비입니다. 돈이 줄어드는 소비는 자동차, 옷, 신발 등을 사는 데 드는 소비이고, 돈이 늘어나는 소비는 책, 자산, 교육에 드는 소비입니다. 돈이 늘어나는 소비는 엄밀히 말하면 소비가 아니라 투자이기도 합니다. 부를 쌓고 싶다면 돈이 줄어드는 소비보다는 돈이 늘어나는 투자를 늘려 나가시길 바랍니다.

은행원은 어떻게
생활비를 줄일까?

생활비를 줄일 방법이 있을까요? 은행원인 제가 직접 생활비를 줄여 나갔던 방법을 이야기하겠습니다. 저는 사회 초년생 시절부터 도시락을 싸서 출근해 식비를 아꼈습니다. 사실 한 달 생활비에서 가장 큰 비중을 차지하는 게 '식비'입니다. 회사에 다닌다면 매일 사 먹는 밥값과 커피값만 해도 하루 만 원씩은 되지요. 한 달에 25만 원씩만 모아도 1년이면 300만 원입니다. 롭 무어의 《머니》라는 책에는 '도시락을 싸서 출근하면 평생 1억 원을 아낄 수 있다는 연구 결과도 있습니다. 티끌 모아 태산입니다'라는 문구가 있습니다. 점심값을 모아서 돈을 불린 저는 이 문구에 공감합니다.

첫 지점에서 몇몇 직원이 도시락을 싸서 출근하기 시작하자 저도 동참했습니다. 그렇게 매일 도시락을 먹으니 점심시간에 식당까지 오가는 시간을 절약할 수 있었고, 조미료가 덜 들어간 음식을 먹으니 살도 빠졌습니다. 물론, 돈과 시간을 아낄 수 있다는 게 가장 큰 장점이었지요. 이렇게 하루 만 원씩 1년을 모아 300만 원을 만들었습니다. 300만 원에 제 근무 연수인 13년을 곱하면 약 3,900만 원입니다. 정말 큰돈입니다. 집을 한 채 살 수도 있고, 주식이나 ETF에 투자할 수도 있습니다. 이 돈은 하루아침에 뚝딱 생긴 게 아니라, 만 원이 쌓이고 쌓여 만들어진 돈입니다. 무언가 사고 싶을 때 '고작 만 원인데. 그냥 쓰자.'라는 생각 대신, 그 돈이 모여 목돈이 되었을 때를 생각해 보시길 바랍니다.

커피값을 줄이는 것도 제 절약 습관 중 하나입니다. 점심을 밖에서 먹으면 꼭 커피도 사 마시게 됩니다. 어떤 날에는 출근길에도 사 마시고요. 이렇게 마시면 하루 커피값만 만 원을 쓰는 날도 있습니다. 그래서 저는 이를 회사에서 제공해 주는 커피믹스로 대체했습니다. 한때 제 출근길의 동기 부여가 되어 준 것도 회사에서 마시는 커피믹스 한잔이었습니다. 만원 지하철에서 이리저리 휘둘리면서도 회사에서 마시는 달콤한 커피믹스를 떠올리며 힘을 내서 출근했지요. 밖에서 사 먹는 점심과 커피만 줄여도 모을 수 있는 돈이 많아집니다.

물론 이렇게 조금씩 아끼는 게 얼마나 의미가 있을까 싶은 분들이 있을 것입니다. 그러나 중요한 것은 절약하는 습관을 들이는 것입니다. 절약하는 습관이 들면, 돈을 통제하고 모을 수 있다는 자신감이 생기고, 자신감을 바탕으로 부자 마인드를 가질 수 있습니다. 힘들지만 꾸준히 실행해 보세요. 성공은 절대로 노력 없이 이루어지지 않습니다. 매일 같은 하루지만 어제보다 나은 오늘을 만들고, 그런 오늘을 쌓아서 성공에 한 걸음씩 다가가는 것입니다. 이렇게 하면 실패해도 두렵지 않고, 실패에서 배움을 얻어 한 걸음 더 나아가기도 합니다.

돈 모으기도 마찬가지입니다. 오늘 실패해도 내일 절약하세요. 조금씩 절약하다 보면 큰돈을 만지게 될 것입니다. 사회 초년생일 때는 절약하고 돈을 소중히 여기는 습관을 들이면서 '부의 그릇'을 키우는 연습을 해야 합니다.

갑작스러운 지출에
당황하지 않는 법

　월별 소비를 파악했다면, 이제 연간 예산안 책정하는 법을 이야기할 차례입니다. 매달 일정 금액을 저축하는 분들이 꼭 기억해야 할 것이 바로 '예비비' 책정입니다. 살다 보면 예기치 못한 일이 종종 일어납니다. 그리고 이런 일에는 늘 돈이 듭니다. 자동차 보험료부터 가족 생일, 재산세, 병원비 등 말이죠. 즉, 비정기적인 지출에 대비하기 위해서는 반드시 예비비가 있어야 합니다. 그렇지 않으면 만기가 얼마 남지 않은 적금 통장을 해약해야 할 수도 있습니다.

　저는 예비비 통장을 따로 만들어 월급 외에 들어오는 보너스와 상여금 등을 넣는 방법으로 모았습니다. 보너스를 받으면 신나게 써 버리는 게 아니라, 비상용으로 저축하는 것이죠. 예비비는 요즘처럼 모든 것이 불확실한 시대에는 꼭 필요하며, 최소한 월급의 3배 정도는 되어야 좋습니다. 예비비 또한 입출금 통장보다는 만기가 정해진 자유 적금이나 MMF, CMA 등의 단기 금융 상품에 투자하면 유리합니다.

연간 예비비를 책정하는 방법은 1월부터 12월까지 쭉 나열한 다음에 1월에 자동차세, 7월과 9월 재산세, 자동차 보험료, 가족 생일 등 챙겨야 할 항목과 필요한 비용을 작성하는 것입니다. 예를 들어, 자동차세 60만 원, 재산세 100만 원, 자동차 보험료 50만 원, 가족 생일 30만 원을 책정했다면 최소한 연간 240만 원은 있어야 합니다. 약 500만 원정도의 예비비를 마련해 두면, 갑작스러운 일에 충분히 대처할 수 있겠지요.

:: **연간 예비비 예상 목록** ::

1월	자동차세 60만 원	7월	재산세 50만 원
2월		8월	
3월		9월	재산세 50만 원
4월	자동차 보험료 50만 원	10월	남편 생일 20만 원
5월		11월	
6월	아들 생일 5만 원	12월	딸 생일 5만 원

은행원은 어떻게 돈을 모을까?

3년에 1억 모으기
프로젝트

이번에는 돈을 불릴 수 있는 현실적인 방법을 이야기하려 합니다. 많은 사람이 취업만 하면 끝이라고 생각하지만, 사실 취업 이후부터가 시작입니다. 월급, 저축, 소비 등 경제적인 모든 것을 오롯이 책임지고 관리하는 어른이 되기 때문이지요. 그러나 지금껏 취업을 위한 공부만 했을 뿐, 돈과 재테크에 대해 공부한 적은 없을 것입니다. 저도 사회 초년생 시절에는 금융 문맹이었습니다.

13년 전으로 돌아가 제 경험을 이야기하려 합니다. 당시 제 월급은 150만 원 내외였습니다. 지금은 크지 않은 돈이지만, 20대 초중반의 저에게 100만 원이 넘는 돈을 번다는 건 대단한 일이었습니다. 제가 첫 월급을 받자마자 한 일은 '적금 통장 만들기' 입니다. 그리고 2,000만 원을 모으기로 했지요. 막연하게 2,000만 원은 있어야 뭐라도 할 수 있을 것 같았거든요. 그런데 매달 100만 원씩 모으다 보니 1년이 되는 시점에 2,000만 원이 모였습니다. 목표 금액보다 훨씬 많은 금액이었습니다. 100만 원씩 1년을 모으면 1,200만 원이고, 이자가 붙어도 1,300만 원이 채 안 되는 어떻게 2,000만 원을 모았을까요?

바로 매달 50만 원 범위에서 살아가는 습관을 들였기 때문입니다. 그리고 월급 외에 들어오는 보너스는 그대로 저축했습니다. 종잣돈을 모으고 싶다면 정한 한도 내에서 살아가는 습관을 들이세요. 특히, 소비가 소득을 넘어서는 절대로 부자가 될 수 없습니다.

20대는 소득은 적고, 사고 싶은 것은 많은 나이입니다. 그래서 돈을 제대로 모으는 사람이 많지 않습니다. 돈을 번다는 기쁨에 사고 싶은 걸 사고 하고 싶은 걸 해 버리지요. 하지만 사회 초년생 때의 소비 습관이 중요합니다. 이 시기에 흥청망청 소비하는 습관을 들이면 부자가 될 수 없으며, 한번 굳어진 소비 습관을 바꾸는 건 매우 어렵습니다.

돈을 모으는 데 있어서 가장 중요한 것은 '내 월급이 얼마인가'가 아니라 '내 지출이 얼마인가'입니다. 은행에 근무하면서 매달 1,000만 원씩 버는 데도 카드값 독촉에 시달리는 분도 보았고, 200만 원이 채 되지 않는 월급으로 꼬박꼬박 저축하는 분도 보았습니다. 이들을 보며 얼마를 버느냐보다 얼마를 쓰느냐가 중요하다는 걸 알았습니다.

월급이 적은 것을 탓하지 말고 소비 습관부터 들여다보세요. 종이로 된 카드 명세서를 받아, 지출 내용을 하나하나 따져 보시길 바랍니다. 충동적으로 산 물건은 없는지, 불필요한 소비는 없었는지, 더 아낄 수 있는 부분은 없는지 말입니다.

저는 인생을 살아가는 데 중요한 덕목 중 하나로 '주도성'을 꼽습니다. 어떤 상황 속에서도, 내가 할 수 없는 걸 탓하기보다 내가 할 수 있는 걸 해 나가는 편이지요. 월급이 적다면 능력을 키우거나 부업으로 소득을 늘리세요. 물론 사회 초년생 때는 회사에 적응하기 바빠 부업은 생각조차 할 수 없을 것입니다. 부업에 대한 이야기는 뒤에서 다루겠지만, 지금 당장 별다른 수가 없다면, 지출 줄이기에 집중하는 게 현명합니다. 13년 전의 신입 사원 시절, '월급이 고작 150만 원인데 그냥 써 버리지, 뭐. 다음 달에 또 벌면 돼.'라고 생각했다면 지금의 자산을 일구기 어려웠을 것입니다. 저도 그때는 회사 업무와 금융 자격증 취득에 정신없이 바빠 부업은 생각하지도 못했습니다. 그래서 당장에 할 수 있는 소비 줄이기에 집중했지요. 동시에 150만 원이라는 돈의 가치를 높이 평가했고, 소중하게 생각했습니다. 목돈을 모으기 위해 푼돈을 소중히 여겼습니다.

이 책을 덮는 순간 딱 하나만 얻어 가셔야 한다면, 당장 '나만의 돈 모으기 프로젝트'를 시작하는 것입니다. 저는 어떤 일이든 프로젝트로 만들어 현실화하는 것을 좋아합니다. 혼자 하는 게 힘들면 사람들과 함께하세요. '3년에 ○억 모으기'처럼 말이지요. 한 달에 모을 수 있는 현실적인 금액을 정하고, 일정 기간 꾸준히 저축하는 것입니다. 모든 일의 시작과 끝은 목표 설정입니다. 목표를 세우지 않고 앞만 보며 달리는 것은, 지도 한 장 없이 무작정 달리는 것과 같습니다. 목적지에 도달하지 못할 가능성이 크다는 걸 의미하지요. 돈을 모으겠다고 결심했다면, '1년에 3,000만 원 모으기!' 식으로 목표를 세우고, 그 목표를 잘게 쪼개 한 달에 모아야 하는 금액을 산출하세요. 그리고 그 돈을 빼고 난 금액 안에서 살아가세요. 목돈을 만들기 위한 기본입니다.

부자가 되기 위한
필수 마인드

부자가 되기 위해서는 부자 마인드를 가져야 합니다. 이제부터 부자가 되기로 결심하세요. '내가 어떻게 부자가 돼?'가 아니라 이미 부자가 된 것처럼 행동하면 됩니다. 뇌를 속이는 것이지요. 내가 정말 부자가 되었다고 스스로 인식하면 내 행동도 부자처럼 바뀌고, 진짜 부자가 될 확률이 높아집니다.

이와 동시에 가져야 할 마인드가 있습니다. 바로 세상에는 돈이 넘칠 만큼 있고, 내 지갑에도 돈이 아주 많다고 생각하는 것이죠. 가난한 사람들이 자주 하는 말이 있습니다. "난 돈이 없어. 나는 왜 늘 돈이 부족할까?"입니다. 이런 말은 해서도 안 되고, 생각해서도 안 됩니다. 생각이 현재의 모습을 만들고, 생각이 행동의 바탕이 됩니다.

생각부터 바꿔 보세요. 돈이 넘쳐나는 것을 상상하고, 내 수중에 돈이 넘치는 걸 상상하세요. 저는 이렇게 생각을 바꾼 뒤로 돈 걱정을 하지 않습니다. 100억대 부자도 보고, 한 달에 20만 원으로 생활하는 사람도 봤지만, 이들의 차이는 마인드였습니다. 저에게는 아주 큰 장점이 있습니다. 바로 자신감입니다. 근거 없는 자신감일지 모르지만, 저는 모든 일에 자신감이 넘치고 긍정적인 마인드를 가지려 노력합니다. '저 사람도 하는데 나라고 왜 못해? 세상에 불가능한 건 없어. 나도 부자가 될 수 있다고. 충분한 부를 누릴 수 있어!'라고 생각하고 결심한 순간, 꿈의 반에 다가갔습니다.

서점에 가면 부와 관련한 책 중에 마인드를 다룬 책이 특히 많습니다. 돈을 버는 방법과 기술을 익히기 전에 갖춰야 할 것이 부자 마인드이기 때문입니다. 앞서 이야기했듯이, 부자 마인드의 기초는 시중에 돈이 넘쳐난다는 사실을 인지하고, 나도 부자가 될 수 있다고 결심하는 것입니다. 정말 쉬워 보이지요. 그런데 실제로는 어렵습니다. 우리의 뇌가 변화를 싫어하기 때문입니다. 그러나 더 나은 삶을 살고 싶다면 지금과는 다른 노력을 해야 합니다. 저도 '왜 월급이 이거밖에 안 되지?'라고 생각한 적이 있지만, '나는 월 1,000만 원을 벌 수 있는 사람이야!'라고 부단히 생각했습니다. 저는 절대로 "돈이 없어서 못해."라는 말은 하지 않습니다. 생각은 말이 되고, 말은 현실이 됩니다. 돈이 너무 많아서 넘쳐나는 모습을 수시로 상상하세요. 돈이 없다고 생각하면 정말 돈이 없는 인생을 살게 되고, 돈이 풍족하다고 생각하면 그에 가까워질 확률이 높아집니다. 부정적으로 말하는 습관, 남 탓하는 습관, 현실을 비관하는 태도를 버리세요. 그리고 성공하는 사람은 좌절을 통해서도 배웁니다. 좌절에 고통스러워하기보다 좌절이 주는 교훈을 받아들이세요. 그러면 성공할 수 있습니다. 즉, 부자가 되려면 부자 마인드를 갖추고, 모든 일을 긍정적으로 생각해야 합니다.

단계별 목돈 모으는 법

재테크를 하려면 일단 목돈부터 만들어야 합니다. 그렇다면 어떻게 목돈을 모을까요? 단계별로 목돈 모으는 법을 이야기하겠습니다.

먼저 목돈은 1년 정도의 단기간 안에 만드는 게 좋습니다. 1년 안에 최소한 1,000~5,000만 원 정도의 목돈을 만들고, 그 목돈을 운용하세요. 사회 초년생이 10년짜리 비과세 적금에 가입한다면, 저축을 많이 할 수는 있지만 여러 기회비용을 놓칠 수 있으므로 추천하지 않습니다. 적금을 기본으로 하고, 자금 사정상 2~3년 안에 목돈을 만들어야 한다면 적금과 펀드를 병행해 보세요. 펀드는 투자 성과에 따라 수익률이 결정되는 상품입니다. 원금 손실이 날 수도 있지만, 적립식 투자의 경우에는 평균 매입 단가를 낮춰 주기 때문에 손실 위험이 낮습니다. 일부는 적금, 일부는 펀드로 투자를 경험해 보는 게 현명합니다.

다음은 모은 돈을 빠르게 굴리기 위해 투자하는 단계입니다. 스노볼 효과라고 해서 돈을 모으고 뭉쳐서 돈이 불어나는 속도를 빠르게 하는 것입니다. 저는 목돈을 펀드로 운용해서 투자하는 방식으로 돈을 불렸습니다. 그렇게 불린 돈으로 실거주할 집을 매수했고, 그 후에는 부동산 자산을 늘려가는 식으로 부를 쌓았지요. 이렇게 어느 정도 자금이 마련되면 주식, 부동산, 외화 등을 통해 적극적으로 불려 나가야 합니다.

그다음은 모은 자산을 지킬 차례입니다. 어느 정도 자산이 쌓이면 자산을 지켜야 하는 시기가 옵니다. 자산은 어떻게 될지 모릅니다. 부동산을 보유하면 전세금을 내줘야 하는 상황이 생길 수 있고, 주식이나 펀드에 투자하면 자산이 급격하게 하락할 수도 있습니다. 시장은 언제나 호황과 불황을 반복하므로 이런 시기를 대비하고, 자산을 지켜야 합니다.

이 세 단계를 실행하는 데는 적지 않은 시간이 소요됩니다. 오랜 시간이 필요하므로 저절로 이루어지는 것은 없다는 사실을 기억하며 농부의 마음으로 부를 일궈 나가세요.

사회 초년생 때는 월급을 받으면 어떻게 굴려야 할지 그저 막막하기만 합니다. 그러나 재테크를 평생 해야 하는 것이라고 생각하면 이러한 불안은 접을 수 있게 됩니다. 첫 월급을 받은 후엔 나만의 부의 로드맵을 그려 보시길 바랍니다. 목표 금액을 설정한 뒤, 그 금액을 모으기 위해 매월 불입해야 하는 금액을 파악하세요. 그리고 일부분은 꼭 필요한 보장성 보험과 연금 상품에 가입하여 예측하지 못했던 상황이 발생했을 때 자산이 흔들리지 않도록 준비하세요. 한방을 노리고 전 재산을 주식이나 비트코인에 투자하는 건 위험합니다. 재테크 지식이 많지 않은 사회 초년생분에게는 한 번의 대박보다는 오래 갈 수 있는 재테크 습관을 갖는 것이 더 중요합니다. 주식이든 다른 투자든 소액으로 시작하시면서 감을 익히되 단기적인 돈을 좇는 것이 아니라 부의 큰 그림을 그리시길 바랍니다.

투자 마인드

소비도 습관이다! 절제하는 법

습관의 힘은 정말 위대합니다. 그런데 이 습관이라는 것이 저축에도 적용된다는 사실을 아시나요? 저는 소비도 습관이라고 생각합니다. 소비하는 습관이 들면 돈 쓰는 것이 자연스러워집니다. 그런데 소비의 진짜 문제는, 하나를 사면 다른 하나를 더 사고 싶어진다는 것입니다. 예를 들어, 옷을 사면 그에 맞는 가방이 사고 싶고, 가방을 사면 그에 맞는 구두가 사고 싶고, 구두를 사면 그에 맞는 장신구가 사고 싶어지지요. 대부분 이런 경험이 있을 것입니다.

이런 악순환을 예방하는 방법은, 애초에 소비보다 저축에 습관을 들이는 것입니다. 쓰는 것보다 모으는 습관을 들이는 것이지요. 어려울 것 같지만, 의외로 쌓이는 돈을 보면 그 중독에 빠져나올 수 없게 됩니다. 돈을 처음 모으는 분들이라면 꼭 통장을 발급받아 쌓이는 돈을 눈으로 보시길 바랍니다. 목돈이 되어가는 쾌감을 느낄 수 있습니다.

PART 3

투자 2단계 :
나만의 재테크 설계하기

자산을 잘 모으고 불리기 위해서는 은행을 현명하게 활용하고, 금융 지식을 갖춰야 합니다. 이번 장에서는 꼭 알아 둬야 할 금융 지식에 대해 이야기하겠습니다. 이 장을 읽고 나면 돈을 똑똑하게 불릴 수 있을 것입니다.

주거래 은행은
어떻게 정할까?

여러분의 주거래 은행은 어디인가요? 보통 주거래 은행이라고 하면 월급을 받거나, 돈이 가장 많이 예치되어 있거나, 자주 사용하는 은행일 것입니다. 회사에서 지정해 준 은행이 주거래 은행이 되기도 하고, 그냥 아주 오래전부터 이용했거나, 집에서 가까운 은행이 주거래 은행이 되기도 하지요. 말 그대로 주거래 은행이란, 그냥 주로 거래하는 은행입니다. 가장 이용하기 편한 은행을 정해서 꾸준히 이용하면, 실적에 따라 수수료 면제 혜택을 받는 등 장점이 많습니다.

여러분은 주거래 은행을 통해 얼마만큼의 혜택을 받고 계시나요? 소소하게는 자동화기기 출금 수수료부터 통장이나 카드 재발급 수수료까지 다양한 수수료 면제 혜택을 받고 있을 것입니다. 은행에서는 고객의 수수료를 면제해 드리기 위한 서비스를 시행하고 있습니다. 매달 일정한 금액이 입금된다면 급여 통장으로, 연금을 받는다면 연금 통장으로, 공과금이 이체된다면 주거래 통장으로 다양한 혜택을 제공합니다. 자동으로 제공되는 게 아니라, 수수료 면제 통장으로 등록해야 가능하므로, 혜택을 받고 있지 않다면 확인해서 신청하세요. 수수료 면제 통장일 경우에는 인터넷뱅킹 이체 수수료, 자동화기기 이용 수수료, 수표 발행 수수료, 창구 이체 수수료 등을 면제받을 수 있습니다.

카드 사용 내역이나 입출금 내역을 알려주는 알림 서비스도 많이 이용하는 서비스입니다. 알림 서비스는 사고 예방을 위해서라도 해 두는 것이 좋습니다. 그러나 이런 알림 서비스는 수수료가 발생하므로, PUSH 알림 무료 앱을 이용해 보세요. 문자 대신 앱으로 알림을 띄워 주는 방식으로, 사용자가 직접 모바일로 신청하면 됩니다. 저 역시 이용하는 은행마다 알림 서비스 앱을 내려받아 사용하고 있습니다.

주거래 은행을 통해 이런 혜택을 받으면 소소한 돈을 아낄 수 있을뿐더러, 상품 가입 시에도 다양한 혜택을 받을 수 있습니다. 급여나 연금이 입금되는 조건으로 금리 우대를 받거나, 대출 시 금리 감면을 받을 수도 있습니다. 문어발식으로 여러 은행에서 거래하기보다 한 은행을 꾸준히 이용하는 게 유리하겠지요. 여러분의 주거래 은행은 어디인가요? 어떤 혜택을 받을 수 있는지 인터넷이나 영업점 방문을 통해 꼭 확인해 보시길 바랍니다.

예금과 적금,
어떤 차이가 있을까?

목돈을 모으기 위해서는 매달 조금씩 저축해야 합니다. 그렇다면 저축을 위해 예금과 적금 중 어떤 것에 가입해야 할까요?

예금은 돈을 예치하는 것입니다. 예금을 한자로 풀어 보면 '예치할 예(五), 금 금(金)'입니다. 즉, 예금이란 금융 기관에 계약한 일정 기간 동안 금융 자산을 맡기는 걸 말합니다. 쉽게 풀어 보면 다달이 적립하는 게 아니라 목돈을 한번에 맡기는 것이 예금이지요. 그렇다면 적금은 무엇일까요? 적금은 금융 기관에 일정 금액을 일정 기간 넣은 다음에 찾는 저금이 적금입니다. 한자로 풀어 보면 '적립할 적(積), 금 금(金)'입니다. 즉, 돈을 적립하는 개념입니다. 또한 적금에는 정액 적립식과 자유 적립식이 있습니다. 정액

은행원은 어떻게 돈을 모을까?

적립식은 정해진 일정 금액을 넣는 것이고, 자유 적립식은 원하는 금액을 자유롭게 넣는 것이지요. 보통 정액 적립식의 금리가 더 높습니다. 다달이 얼마를 넣을지 모르는 고객보다 매달 일정 금액을 넣겠다고 약속한 고객에게 더 많은 이자를 주는 것입니다.

위의 내용을 한마디로 정리하자면 목돈을 만들기로 했다면 적금, 목돈을 굴려야 하는 사람이라면 예금에 가입하는 게 유리하다는 뜻입니다. 적금과 예금은 돈을 예치하는 방법도 다르지만, 금리가 붙는 방식도 다릅니다. 은행에 방문해 보면 적금 금리가 예금 금리보다 높은 것을 알 수 있습니다. 그 이유는 무엇일까요?

1년 만기 예금 1%, 적금 2%

H은행의 2020년 7월 기준 금리입니다. 예금은 가입 시점에 넣은 총금액에 대해 1년 치 이자를 주는 방식이기 때문에 적금보다 금리는 낮아도 실질적으로 돌려받는 금액이 많습니다. 적금은 매달 적립하는 개념이므로 첫 번째 넣은 금액은 12개월 치를 적용받지만, 두 번째 넣은 금액은 11개월 치를 적용받습니다. 마지막에 넣은 금액은 1개월 치만 적용받는 것이 되므로 표면적인 이자

율은 높지만, 실제로 받는 이자는 적습니다. 은행에 방문하기 전에, 포털에 '이자 계산기'를 검색해 보세요. 불입액을 입력하면 만기 시 받을 수 있는 총금액을 확인할 수 있습니다. 적금과 예금 이자뿐 아니라 대출 금리와 대출 조기 상환 시 중도 상환 수수료까지 확인할 수 있어 무척 유용합니다.

이자 계산기									
적금	예금	대출	중도상환수수료						

월적립액			500,000 원				
			50만원				
적금기간	년	개월		1년	연이자율	단리	월복리	1.5 %
이자과세	일반과세	비과세	세금우대					

원금합계	6,000,000 원
세전이자	48,750 원
이자과세(15.4%)	- 7,508 원
세후 수령액	6,041,242 원

그렇다면 2020년 7월에 1억을 1년간 예치한다면 얼마의 이자를 받을 수 있는지 계산해 볼까요? 1년 만기 예금 시 은행 금리가 1%이므로 1억을 예치하면 받는 이자는 846,000원입니다. 물가 상승률이 2%인 현재, 은행에 맡기면 돈이 불어나는 게 아니라 마이너스가 되는 형상입니다.

이번에는 적금입니다. 한 달에 100만 원씩 1년간 모으면 이자가 얼마나 될까요? 적금 금리를 2%라고 가정하면 1년에 받는 이자는 세금을 제하고 10만 원가량 됩니다. 적금도 이자가 크지는 않습니다.

그럼에도 불구하고 적금에 가입해야 하는 이유는 소액이라도 목돈이 있어야 '투자'라는 것을 할 수 있기 때문입니다. 많은 고객이 "앞으로 금리가 어떻게 될까요?"라고 묻습니다. 제가 처음 은행에 입사했던 2008년에는 이자가 8%대였습니다. 저축은행은 10%의 높은 금리를 주기도 했습니다. 그런데 많은 은행이 도산하거나 합병하게 되었고, 그 후로 금리는 점점 낮아졌습니다. 앞으로는 마이너스 금리 시대, 초저금리 시대가 도래할 것입니다. 더는 은행에 저축해서는 돈을 불릴 수 없다는 말입니다. 그런데도 목돈을 만들려면 여전히 은행을 활용해야 합니다. 그래야 투자도 하고 자산을 불릴 수 있습니다.

저는 종일 현금을 입출금해 드리며 다양한 고객을 만납니다. 그중에는 금리가 0.1% 정도 밖에 되지 않는 입출금 통장에 목돈을 장기간 넣어 두는 분도 있습니다. 금리가 없다고 해도 무방한 입출금 통장에 1,000만 원을 한 달간 예치한다면 이자는 얼마일까요? 두세 달이라면? 1년이라면? 은행을 잘 활용한다는 것은 통장에 그냥 돈을 넣어 두는 게 아닙니다. 내 돈이 어떻게 굴러가는지를 알고, 내 돈에 어떻게 이자가 붙는지를 알아야 합니다. 예금과 적금의 차이를 알고, 목적에 따라 똑똑하게 돈을 모으시길 바랍니다.

목적에 맞게
통장 쪼개기

　돈을 모으는 습관이 아직 들지 않았다면, 목적에 맞게 통장을 나누는 것을 추천합니다. 통장에 '학비 자금, 여행 자금, 부모님 환갑 자금'처럼 통장명을 붙여 두고, 목적에 맞게 돈을 모으는 것입니다. 목표 없이 돈을 모으는 것과 목표를 정하고 돈을 모으는 것은 여정이 다릅니다. 어떤 일이든 '왜' 해야 하는지를 알고 하는 것과 모르고 하는 것에는 차이가 있듯이 말이지요. '왜'라는 질문에 명확한 답을 할 수 있는 것만으로도 달성 가능성이 커집니다. 니체는 "왜 살아야 하는지 의미를 아는 사람은 어떠한 상황에서도 견딜 수 있다."라고 말했습니다.

　게다가 돈을 왜 모으는지, 어디에 사용할 자금인지를 정한다는 것은, 단순히 통장에 이름을 붙이는 게 아니라, 연간 자금 운용을 계획하는 것과 같습니다. 1~3년 내에 있을 행사와 이슈에 대비할 수 있지요. 저 역시 사회 초년생 시절 어머니와 여행을 가기 위해 별도로 돈을 모은 적이 있습니다. 한 달에 50만 원씩 모아 600만 원으로 여행을 다녀왔습니다. 이렇게 창업 자금이든, 유학 자금이든, 여행 자금이든 목적이 뚜렷해야 달성할 수 있습니다.

그리고 목적에 맞게 목돈을 모으려면 월급 입금과 동시에 쪼개 둔 통장으로 돈이 빠져나가게끔 자동 이체를 시켜 두어야 합니다. 그리하고 남은 돈으로 생활하세요. 남은 돈으로 생활하기 위해서는 신용카드 사용을 최소화해야 합니다.

재테크를 잘 몰랐던 제가 그래도 가장 잘한 일이라면 수입의 대부분을 저축한 것입니다. 수입의 80%는 저축해야 한다는 말을 들어보셨을 것입니다. 기본이면서도 꼭 지켜야 할 말이기도 합니다. 사회 초년생 시절, 150만 원 정도의 월급을 받으며 한 달에 100만 원씩 저축했습니다. 1년 뒤 모인 목돈을 보고 얼마나 감격했는지 모릅니다. 사회 초년생일수록 돈을 쓰는 재미보다 돈을 모으는 재미를 알아야 합니다. 돈을 불리는 재미를 알아야 합니다. 소비를 통한 즐거움은 금방 사라지지만, 저축을 통한 즐거움은 자존감까지 높여 줍니다. 적은 돈으로 살아가는 게 궁상맞아 보인다고요? 사회 초년생일 때 1~2년 바짝 모은 돈은 무엇이든 시작할 수 있게 하는 자존감의 원천이 됩니다.

반드시 목적과 목표 금액을 설정하세요. 사회 초년생이라면 취업 후 1년 안에 모을 수 있는 금액을 설정하세요. 물론, 사람마다 소득이 다르므로 목표도 다를 수 있습니다. 저는 1년에 2,000만 원 모으는 것이 목표였으니까요. 여러분은 얼마를 모아 보실 건가요? 목표를 설정했다면 종이에 써서 책상 앞이나 휴대전화의 배경 화면 등 잘 보이는 곳에 기록하세요. 자주 보면서 목표를 향해 걸어가는 것입니다. 돈 모으기는 마라톤과 같습니다. 지루하고, 가끔은 포기하고 싶지요. 이럴 때는 목표를 누군가와 공유하고 함께하세요. 다양한 수단을 활용해 원하는 목표를 달성할 수 있어야 합니다.

풍차 돌리기보다
스노볼

풍차 돌리기라는 단어를 들어보셨나요? 매달 새로운 적금에 가입해서 저축 금액을 늘리고 매달 만기가 돌아오게 하는 저축 방식입니다. 실제로 이렇게 매달 적금에 가입하러 오는 고객이 있습니다. 이번 장에서는 적금 풍차 돌리기의 장단점과 경험담을 이야기하려 합니다.

적금 가입 팁 1. 적금 이율은 정액 적립식이 자유 적립식보다 높다

앞서 말했듯이, 저는 입사 후 1년에 2,000만 원 모으기를 목표로 세웠습니다. 한 달에 100만 원씩 1,200만 원을 모으고, 상여금과 보너스는 별도의 자유 적금 통장에 입금했습니다. 그렇게 1년 뒤 목적을 달성했고, 그 돈을 다시 예금으로 굴리다가 어느 정도 목돈을 모아 일부는 주식에, 일부는 펀드에 가입했습니다. 적금 가입할 때 팁이라면, 보통 자유 적립식 적금보다 정액 정립식 적금의 금리가 높으므로, 정액 적립식 적금 하나를 메인으로 하고, 그 외의 자금은 자유 적립식에 불입하는 것을 추천합니다.

적금 가입 팁 2. 금리에 연연하지 말고 일단 저축을 시작하자

저는 100만 원씩 모을 적금 상품에 가입할 때, 이율이 높은 곳을 찾아다니지는 않았습니다. 그냥 거래하기 편한 주거래 은행에서 가장 금리가 좋은 상품에 가입했습니다. 이율의 차이가 크면 모르지만, 0.1% 정도의 차이는 미미하다고 생각했거든요. 시간이 금인 직장인이 금리를 더 받기 위해 일부러 시간을 내서 은행에 방문해 대기하는 것보다 하루라도 빨리 시작하는 게 좋다고 생각했습니다.

적금 가입 팁 3. 상품 가입은 되도록 모바일로!

요즘에는 계좌 개설과 같은 다양한 업무를 비대면으로 처리할 수 있습니다. 적금도 마찬가지입니다. 모바일로 가입하면 금리 우대와 혜택을 더 받을 수 있습니다. 그런데 모바일로 보면 상품이 너무 많아 어떤 상품을 고르는 게 좋을지 모를 때가 있습니다.

그럴 때는 상담 전화를 이용해 상품을 추천받거나, 영업점에 방문해 보세요. 만기 시 자동으로 해지되거나, 재예치되는 서비스를 등록해 두는 것도 편리합니다.

위의 팁은 모두 제가 실제로 적금을 통해 목돈을 모았던 방식입니다. 중요한 것은 일단 목돈이 모이면 눈덩이처럼 돈이 불어난다는 사실입니다. 바로 스노볼 효과입니다. 여러 계좌로 나눠서 돈을 분산하는 것보다 하나의 계좌에 일단 목돈을 만드는 게 더 효과적입니다.

최근에 한 은행에서 고금리의 적금을 판매한 적이 있습니다. 시중 은행보다 2배 정도 높은 금리를 주었기에 뉴스에도 나올 만큼 이슈였지요. 저도 그 적금에 가입했습니다. 고금리의 적금이라 가입 금액에 제한이 있어 명의를 나눠 두 개의 계좌를 개설하기까지 했지요. 그렇게 몇 달이 지났습니다. 결과는 어땠을까요? 저는 돈이 여기저기 분산되어 있어서인지 돈이 모이고 있다는 생각이 전혀 들지 않았습니다. 분명히 돈이 모이고 있겠지만, 500만 원이라는 목돈이 한 계좌에 들어 있는 것과 100만 원씩 다섯 개의 계좌에 나뉘어 있는 것 중 중간에 해약할 확률은 후자가 높습니다.

어차피 적금으로는 돈을 벌 수 없습니다. 은행은 돈을 모으는 곳으로 활용해야 합니다. 은행을 통해 목돈을 모았다면 그 즉시 은행을 떠나세요. 현금을 보유하면 기분은 좋지만, 인플레이션이라는 단어와 자본주의 사회에서 돈이 갖는 의미를 알면 현금 보유가 어리석다는 걸 알게 될 것입니다. 10년 전의 자장면 가격과 현재의 자장면 가격을 비교해 보면 쉽습니다. 한 그릇에 2,000원 하던 시절이 있었지만 지금은 기본이 6,000원입니다. 만 원으로 예전에는 자장면을 다섯 그릇을 사 먹을 수 있었다면, 지금은 두 그릇도 사 먹지 못합니다. 인플레이션이란 이런 것입니다. 내가 보유한 현금의 가치가 떨어지는 것입니다. 내 의지가 아니라 정부에서 찍어내는 통화량과 대출의 증가 같은 것들 때문입니다.

물론, 적금을 나눠서 가입하든, 한 계좌에 가입하든 저축을 한다는 사실이 중요합니다. 그러나 적금 가입 시 금리가 높은 곳을 찾아다니며 돈을 분산하기보다 관리하기 편한 주거래 은행에서 목돈을 모으는 데 집중하는 편이 유리하다고 말씀드리고 싶습니다.

청약 통장으로
새 아파트 사기

요즘 집값 오르는 속도가 아주 무섭습니다. 정부에서 많은 대책을 내놓아도 근로 소득이 우습게 느껴질 정도이지요. 특히 새 아파트에 대한 수요가 높음에도 불구하고, 재건축 규제와 전매 제한 등으로 인해 서울에서 새 아파트를 사는 것은 점점 어려워질 전망입니다.

새 아파트를 소유할 방법은 청약 당첨, 분양권 매수, 매매 등이 있습니다. 이 중에서 가장 저렴하게 새 아파트를 소유할 방법은 '청약'입니다. 과거에는 청약 통장이 청약 예금, 청약 저축, 청약 부금으로 나뉘어 있었습니다. 그러다가 2009년에 주택청약종합 통장으로 개편되었지요. 최소 가입 금액은 2만 원이고, 0세부터 가입이 가능합니다. "아이 이름으로 청약이 가능한가요?", "저는 집이 있어서 청약이 필요 없는데요?" 청약 통장을 권유할 때 듣는 이야기입니다.

저는 아이들이 태어나자마자 청약 통장을 개설해 주었습니다. 아이 이름으로 청약 통장을 만들어 주면 나중에 스스로 돈 모으는 법도 알게 되고, 성인이 되었을 때 직접 불입해서 청약을 할 수도 있지요. 물론, 가입은 0세부터 가능하지만, 청약 시 가입 기간 산정은 성인이 되기 2년 전부터 인정됩니다.

집이 있어서 청약이 필요 없다는 분들에게는, 집이 있어도 새 아파트를 분양받을 수 있는 당첨의 기회는 있다고 말씀드리고 싶습니다. 다주택자도 비규제 지역에는 청약할 수 있습니다. 저 역시 다주택자이지만 청약으로 분양권을 가지고 있지요. 현 부동산 시장에서는 다주택자가 청약 통장으로 청약되기가 하늘의 별 따기이지만, 5년, 10년 뒤에는 어떻게 될지 아무도 모릅니다. 그리고 청약에 당첨되지 않더라도 1개월 후에 1%, 1년 후에 1.5%, 2년 후에 1.8% 이자가 붙기 때문에 적금으로 활용하기에도 훌륭한 상품입니다.

청약은 다양한 가점으로 점수를 매깁니다. 부양가족 수, 보유한 주택 수, 청약 통장 가입 기간 등을 따져 당첨자를 선정하지요. 신혼부부, 국가유공자, 장애인이라면 특별공급 청약을 노려볼 수도 있습니다.

청약 통장의 최대 예치 금액은 1,500만 원이며 지역별, 평형별로 최소 예치 금액이 있습니다. 민영 주택과 국민 주택 모두 가입 2년이 지나고 24회 이상 불입되어 있어야 하며, 청약할 지역에 따른 최소한의 예치금이 있어야 합니다. 그런데 국민 주택은 같은 1순위 통장이라도 회차를 더 많이 채운 사람이 당첨 가능성이 높습니다. 매월 10만 원씩 오래 자동 이체하는 것이 좋겠지요.

청약 통장인데 이자를 1.5%나 더 주면서 비과세까지 되는 통장이 있습니다. 바로 '청년 우대형 청약 통장'입니다. 만 25~34세 이하이면서 연봉 3,000만 원 이하, 무주택 세대주 또는 무주택자이며 가입 후 3년 이내 세대주 예정인 자, 무주택 가구의 세대원에 해당한다면 꼭 가입하시길 바랍니다. 대상이 되는지 확인하고 싶다면, 청년 우대형 청약 가입용 소득 금액 증명서를 갖고 은행에 방문하면 됩니다. 신규 가입도 되지만 기존의 청약 통장을 전환할 수도 있습니다. 비과세이면서 가산 금리가 있고, 연말 정산까지 되는 청약 통장! 자격이 된다면 전환하시길 바랍니다.

::: **청년 우대형 청약 통장 혜택(무주택 세대주일 경우)** :::

- 기본 금리+1.5% 가산 금리 제공(연 600만 원까지)
- 연말 정산 시 40% 소득 공제(연 240만 원까지)
- 비과세(이자 소득 500만 원까지)

　주택 청약 통장이 출시된 지 얼마 안 되었을 때, 저는 친구들에게 상품을 권유하고 개설해 주었습니다. 대부분이 중간에 해지했는데, 딱 한 친구만 청약을 유지했습니다. 그리고 어느 날, 설레는 목소리로 청약에 당첨되었다는 기쁜 소식을 전했습니다. 새 아파트에 살게 된 데다 3억 원가량의 시세 차익도 보았다고 했습니다. 이렇게 청약 통장도 잘 활용하면 불입한 금액 몇 배 이상의 수익을 볼 수 있습니다.

환율 우대로
똑똑하게 환전하는 법

환전이라는 말은 한자로 '바꿀 환(換), 돈 전(錢)'을 쓰며, 말 그대로 돈을 교환한다는 의미입니다. 해외여행을 가는 분들이라면 꼭 해야 하는 환전. 여러분은 환전할 때 얼마만큼의 환율 우대를 받고 계시나요? 설마 은행원이 주는 대로 받아 가는 건 아니시겠죠? 환율도 우대받는 방법이 있습니다. 한 가지만 질문해도 은행원들은 환율 우대받는 법을 알려줄 것입니다. 많게는 100%에서 적게는 30%까지요! 이제 똑똑하게 환전하는 법을 이야기하겠습니다.

간혹 환전하러 오셔서 왜 인터넷에 나온 환율과 다른지 의아해 하는 분들이 있습니다. 우리가 알고 있는 매매 기준율은 말 그대로 환전할 때 기준이 되는 환율입니다. 그러나 우리가 사고팔 때는 매도 환율, 매입 환율을 보는 게 정확합니다. 환전하기 전에 포털에서 '환전 계산기'를 검색해 환전할 금액을 미리 계산해 가면 좋습니다. 그리고 은행마다 환율에 조금씩 차이가 있으므로 꼼꼼히 따져 보세요. 사례를 들어 보겠습니다.

A씨는 미국 여행을 계획 중입니다. 1달러의 매매 기준율은 현재 1,000원입니다. 100달러를 바꿀 계획인 A씨는 10만 원을 준비해 갑니다. 그런데 은행에서는 12만 원이 필요하다고 합니다.
바로 현찰 매입률과 현찰 매도율의 차이 때문입니다. 은행에서는 외화를 팔 때는 비싸게 팔고, 고객에게 살 때는 싸게 삽니다. 이를 '환차익'이라고 합니다. 은행에 방문했더니 현재 매매 기준율은 1,000원, 현찰 매도율은 1,200원, 현찰 매입률은 800원이라고 합니다. 즉 A씨가 100달러를 사려면 12만 원이 필요하고, 100달러를 팔 때는 8만 원을 받아 가게 됩니다. 살 때와 팔 때의 환율 차이로 은행은 이익을 얻는 것이지요.

그렇다면 환율 우대를 받게 되면 얼마를 싸게 바꾸는 것일까요? A씨는 1달러를 1,200원에 사야 하지만 환율 우대 100% 쿠폰을 가지고 있습니다. 그러면 현찰 매도율(1,200원)과 매매 기준율 (1,000원)의 차이인 200원에 대해 100% 우대를 받을 수 있습니다. 이 말은 매매 기준율로 환전할 수 있다는 말입니다. 만약 환율 우대 80% 쿠폰을 갖고 있다면 200원에 대해 80% 우대, 즉 160원을 싸게 살 수 있습니다. 환전하는 금액이 커질수록 환율 우대에 따른 차익이 커지지요.

그렇다면 어떻게 환율 우대를 받을 수 있을까요? 은행에 방문하는 경우에는 해당 은행의 모바일 앱을 확인하세요. 은행마다 고객을 위해 환율 우대 쿠폰을 제공하고 있습니다. 보통 달러, 엔화, 유로는 80%, 기타 통화는 30% 정도의 우대를 받을 수 있지요. 모바일로 신청해서 수령하는 방법도 있습니다. 모바일로 환전하면 영업점보다 저렴하게 환전할 수 있으며, 원하는 영업점이나 공항에서 수령할 수도 있어 시간을 절약할 수 있습니다.

마지막으로 여행 후 남은 외화에 대해 이야기하겠습니다. 해외여행을 다녀온 뒤 남은 동전이 있나요? 저 역시 세계 각국의 통화가 있습니다. 몇 년째 갖고 있는 통화들을 어떻게 처리해야 할까요? 여기서는 쓸 일도 없는데 말이죠.

사실 환전한 돈은 현지에서 다 쓰고 오는 게 가장 좋습니다. 비싸게 샀어도 싸게 팔아야 한다면 다 쓰고 오는 게 이익입니다. 게다가 동전은 매입할 때 반값만 쳐 줍니다. 지폐의 환율이 1,000원이라면 동전은 500원의 환율을 적용받지요. 그런데도 외화가 남았다면 외화 통장을 만들어 보관해 보세요. 모든 은행에서 외화 통장 개설이 가능합니다. 외화 지폐를 맡길 때는 현찰 수수료가 발생할 수 있지만, 외화가 많고 보관이 어렵다면 이런 방법도 추천합니다.

초보자도 쉽게 따라 하는
달러 투자

부자들은 달러 투자에 관심이 많습니다. 최근 원 달러 환율이 많이 떨어진 것을 알고 계시나요? 그간 코로나19로 해외여행 가는 사람이 줄어 환전 거래가 거의 없었는데, 최근에는 다시 환전 거래를 위해 많은 고객이 내점합니다. 환율이 떨어져 투자 목적으로 매수하기 위해서이지요. 그렇다면 정기 예금 금리 1%가 무너진 지금, 달러를 투자하는 사람은 어떤 사람이고, 얼마의 시세 차익을 누리고 있을까요?

2020년 11월 20일 기준 원 달러 환율은 1,117원에 마감되었습니다. 환율은 시시각각 변동하고, 금융권마다 조금씩 다릅니다. 또한, 같은 환율이라도 우대를 얼마나 받느냐에 따라 실제로 사는 금액이 달라집니다. 따라서 외화를 예금하거나 환전할 때는 꼭 주거래 은행이나 환율 우대 쿠폰이 있는 곳을 방문하는 게 유리합니다. 다음은 원 달러의 환율 변동 그래프입니다.

• 원 달러의 3개월 변동 폭

5월에 최고치를 찍었던 환율이 지속해서 하락하고 있음이 보입니다. 그렇다면 1년 동안의 환율 변동은 어떠할까요?

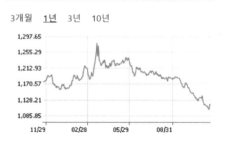

여전히 큰 변동이 없습니다. 그렇다면 2020년 2월 이후 환율은 왜 이렇게 폭등했던 걸까요? 바로 코로나19로 인한 팬데믹과 유가 충격에서 비롯한 금융 불안으로 원화를 비롯한 통화 가치가 하락하면서 안전 자산인 달러 수요가 급증했기 때문입니다. 당시 전문가들은 환율이 1,300원대를 돌파할 수도 있다고 예측했습니다. 그런데 이렇게 치솟던 달러가 다시 하락했습니다. 미국이 경기 부양책으로 달러를 지속해서 유통하는 바람에 시중에 달러가 많아졌기 때문입니다. 그리고 부자는 이렇게 환율이 급격하게 변동할 때 달러 투자에 눈돌립니다. 그렇다면 달러 투자는 어떻게 하는 걸까요?

달러에 투자하는 법

뉴스에 나오는 달러 환율은 말 그대로 기준 환율입니다. 그리고 환율에는 여섯 가지의 환율이 더 있습니다. 바로 '현찰을 살 때, 현찰을 팔 때, 송금을 할 때, 송금을 받을 때, T/C를 살 때, 외화 수표를 살 때'입니다. 이 중 꼭 알아야 할 것은 아래 네 가지입니다. 은행에 방문하면 환율 판에 이렇게 쓰여 있고는 하지요.

현찰 사실 때 1211.84

현찰 파실 때 1170.16

송금하실 때 1202.60

송금 받으실 때 1179.40

만약 여러분이 달러를 현찰로 산다면 '현찰 사실 때'의 환율인 1,211원에 사야 합니다. 그리고 이 1달러를 다시 판다면 1,170원으로 팔아 41원의 손해를 보게 되지요. 이렇게 환율 차이로 이익을 보는 것을 '환차익'이라고 하고, 손해 보는 것을 '환차손'이라고 합니다.

달러를 사는 방법은 한 가지 더 있습니다. 바로 '송금하실 때'의 환율로 사는 것입니다. 은행에 방문해서 투자 목적으로 살 거라고 말하면, 나중에 이 달러를 현찰로 가져갈 건지, 원화로 가져갈 건지를 물을 것입니다. 원화로 가져갈 예정이라고 하면, 환전 시 위의 현찰 환율이 아니라 '송금 받으실 때'의 환율로 환전할 수 있습니다. 직접 외화 현찰 거래가 일어나지 않는 거래이므로 전신환 매매율로 거래하는 것입니다. '송금하실 때'의 환율이 '현찰 사실 때'의 환율보다 저렴하므로 이익입니다. 즉, 같은 달러를 산다고 해도 현찰 거래인지 아닌지에 따라 환율 차이가 납니다.

은행원은 어떻게 돈을 모을까?

외화 현찰 거래의 경우, 은행에서 달러를 외국에서 사오는 비용, 보관료 등의 수수료가 붙기 때문에 제일 비싸게 팔 수 밖에 없고, '현찰 파실 때'의 환율은 고객에게 받은 외화를 다시 본국으로 보내는 것이므로 가장 저렴한 환율이 책정됩니다. 그러므로 달러 투자 시 추후 외화를 현찰로 가져갈 경우에는 '현찰 사실 때' 환율로, 원화로 재환전할 경우에는 '송금 보내실 때' 환율로 환전하는 게 좋습니다. 저 역시 최근, 이렇게 환율이 떨어진 기회를 활용해 달러를 매입했고, 모바일로 환율을 우대받았지요. 외화 통장을 이용한다면, 환전한 달러를 외화 보통 예금에 넣어 둘 수도 있고, 정기 예금으로 넣어 둘 수도 있습니다. 외화 입출금 통장은 이자는 없지만 입출금이 자유롭고, 정기 예금 통장은 기간에 따라 약정 이자를 제공합니다. 물론, 달러 예금은 원화 정기 예금보다 금리가 낮습니다. 0.2% 내외의 금리를 적용받습니다.

요즘에는 이렇게 환전한 달러로 미국 주식을 매수하는 사람도 있습니다. 환율이 오르면 환차익을 기대할 수 있고, 주식이 오르면 주식에 대한 수익도 얻을 수 있기 때문입니다. 그러나 반대로 환차손과 주식 하락에 대한 리스크가 있다는 것을 유의해야 합니다. 모든 투자는 불확실성을 동반하며, 달러 투자도 마찬가지입니다. 환율이 오르면 수익이 나고, 환율이 떨어지면 손실이 납니다. 그런데 환율이 오른다고 해도 기본적으로 사고팔 때 환율 차가 있기 때문에 오름폭이 내가 산 가격보다는 올라야 수익이 납니다. 예를 들어, 만약 제가 1만 달러를 투자한다면 얼마의 수익을 볼 수 있을까요? 나중에 달러 현찰을 가져갈 계획이고, 환율 우대 90%를 받았다고 가정해 봅시다. 현찰 살 때의 환율인 1달러에 1,193원에 환전이 가능하고, 이는 매매 기준율보다 2원 높은 수준입니다. 1만 달러 투자 시, 11,930,000원의 원화가 필요합니다.

3개월 뒤 현찰 팔 때 환율이 1,200원 일 때

1달러당 7원의 차익이 생기고, 1만 달러를 매수하였으므로,

10,000×7원인 7만 원의 환차익을 볼 수 있습니다.

3개월 뒤 현찰 팔 때 환율이 1,210원 일 때

1원당 17원의 차익이 생기고, 1만 달러를 매수하였으므로,

10,000×17원인 17만 원의 환차익을 볼 수 있습니다.

3개월 뒤 현찰 팔 때 환율이 1,183원 일 때

1달러당 10원의 차손이 생기고, 1만 달러를 매수하였으므로,

10,000×−10원인 10만 원의 환차손을 볼 수 있습니다.

즉, 달러 투자는 달러가 충분히 하락했고, 상승의 여지가 있다고 예상될 때 하는 것입니다. 여유 자금이 있고 당장 굴릴 데가 없는 돈이라면 달러를 매수하는 것도 방법이겠지요. 달러는 기축통화(국제간의 결제나 금융 거래에 기본이 되는 통화)인데다, 팬데믹과 같은 불안정한 시기에 가치가 상승하므로 안전 자산이 될 수 있습니다. 관심이 생겼다면 소액이라도 환전해 보고, 환율의 흐름을 매일 지켜보세요. 거시 경제를 보는 안목을 키울 수 있습니다.

내 돈이 들어가야 귀에 잘 들리고 관심 두게 되는 법입니다. 주식, 펀드, 부업, 달러 투자 모두 돈을 벌기 위한 수단이며, 당장 큰돈을 벌지 못해도 배워 둔다는 생각으로 시도해 보시길 바랍니다. 세상에는 다양한 투자 방법이 있다는 걸 알고, 작게 시작해서 경험과 지식을 쌓는 게 중요합니다.

회사원이라면
꼭 알아야 할 연금 상품

    모든 회사원은 회사에서 원천 징수 후에 월급을 받습니다. 즉, 세금을 미리 내고 월급을 받아 갑니다. 그러고는 다음 해에 쓴 카드값, 보험료, 교육비, 대출 이자 등에 대한 소득에 비해 원천 징수된 세금이 많으면 돌려받고, 적으면 더 냅니다. 소득 공제를 받기 위한 방법은 부양가족 공제, 신용카드 공제, 의료비 공제, 기부금 공제, 연금 공제 등이 있습니다. 이번에는 이 중에서 소득 공제가 되는 '연금 상품'에 대해 이야기하겠습니다.

    우리나라는 공적 연금으로 국민의 노후를 보장해 줍니다. 우리가 매달 국민연금 공단에 납부하는 돈이 그 비용이지요. 65세가 넘으면 그간 낸 연금을 다달이 돌려받게 됩니다. 이렇게 나라에서 의무적으로 징수하고 일정 기간 후에 지급하는 것이 공적 연금입니다. 그러나 이 공적 연금만으로는 노후 대책이 완벽하지 않습니다. 그래서 만들어진 게 '사적 연금'입니다. 말 그대로 개인이 준비하는 연금을 뜻하며, 종류가 다양하고 일부는 소득 공제 기능까지 포함되어 있습니다.

사적 연금은 크게 '연금 저축, 연금 펀드, IRP(individual retirement pension, 개인 퇴직 연금)'로 나뉘며, 연금 저축이나 연금 펀드는 연간 300만 원까지, IRP는 연간 400만 원까지 소득 공제를 받을 수 있습니다. 회사원이라면 이들 중 하나는 가입해 두시길 바랍니다.

첫 번째 이유는 세액 공제 때문입니다. 이런 상품에 가입하는 것과 하지 않는 것의 차이는 꽤 큽니다. 특히 우리나라는 세금을 걷을 때 세율 구간을 두므로, 연차가 쌓이고 연봉이 높아질수록 세금을 더 많이 내야 합니다. 세액 공제가 되는 상품은 필수이지요.

두 번째 이유는, 직장에 다닐 때는 세액 공제 혜택을 받을 수 있고, 은퇴 후에는 연금으로 받을 수 있기 때문입니다. 20대인 사회 초년생들에게는 연금이라는 말이 생소하게 들리겠지만, 생각보다 은퇴 시기는 빠르게 도래합니다. 정년 개념이 없어지는 세상이며, 40대에 회사에서 나와야 하는 경우도 생깁니다. 금융사에서 판매하는 사적 연금은 개시할 수 있는 연령이 55세입니다. 공적 연금 개시 연령보다 10년이 빠르므로 50대에 은퇴해도 부담을 덜 수 있습니다. 이렇게 10년을 보장받고, 이후로는 공적 연금으로 보장받으면 좋습니다.

마지막으로 다양한 상품으로 운용할 수 있다는 장점이 있습니다. 예금으로 가입했다가 주식 시장이 좋아지면 펀드 상품으로, 주가가 낮아지면 채권으로 갈아타며 시기에 맞는 맞춤형 자산 배분 전략이 가능합니다. 일반 예금 상품은 계약 기간에는 꼼짝 없이 자금을 묶어 둘 수밖에 없습니다. 주식 시장이 좋아져 주식으로 갈아타고 싶으면 중도 해지할 수밖에 없으며, 해지하고 펀드를 새로 가입하는 번거로운 절차를 밟아야 하지요. 그러나 연금 펀드나 IRP는 계좌 안에서 상품 변경이 가능하므로, 상황에 맞게 포트폴리오를 구성할 수 있습니다.

다만 이들 상품은 무조건 연금으로 수령해야 합니다. 만약 일시금으로 찾거나 중도 해지할 경우, 그간 받았던 세액 공제액을 모두 토해내야 하므로 이런 연금 상품은 생활에 무리하지 않은 선에서 가입하고, 장기간 유지하는 게 현명합니다.

소득 공제와
세액 공제 알기

세상에 피할 수 없는 두 가지가 있습니다. 바로 죽음과 세금입니다. 피할 수 없는 세금, 반드시 이해해야겠지요. 그중에서 '소득 공제'와 '세액 공제'는 소득이 있는 사람이라면 반드시 알아야 할 세법 규정입니다.

소득 공제란?

소득 공제란 한 해에 벌어들인 소득에서 금융 상품에 넣은 돈은 빼 준다는 의미입니다. 즉, 소득 공제 상품에 가입하면 소득을 줄여 주는 효과를 볼 수 있습니다. 한 해에 1억 원의 소득이 있는 사람이 소득 공제가 되는 금융 상품에 2,000만 원을 넣으면, 소득을 8,000만 원으로 보는 것입니다. 공제액만큼 소득도 줄어들게 되니 납부할 세금도 적어지는 것이지요. 게다가 우리나라는 누진 세율을 적용하므로 소득 공제 상품의 경우, 가입자의 소득 규모에 따라 절세 효과가 달라집니다. 예를 들어, 한 해 소득이 4,000만 원인 회사원이 소득 공제 상품에 500만 원을 불입하면, 이 회사원의 과세 대상 소득액은 공제액 500만 원을 뺀 3,500만 원인 셈입니다.

대표적인 소득 공제 금융 상품으로는 노란 우산 공제와 주택 청약 통장이 있습니다. 노란 우산 공제는 개인 사업자, 소기업 대표가 가입하는 상품이며, 주택 청약 통장은 연봉 7,000만 원 이하의 무주택 세대주일 경우, 연간 240만 원을 한도로 납입 금액의

:: 노란 우산 공제 절세 효과 ::

구분	사업(또는 근로) 소득 금액	최대 소득 공제 한도	예상 세율(%)	예상 세율(원)
개인· 법인 대표	4,000만 원 이하	500만 원	6.6~16.5%	330,000원 ~825,000원
개인	4,000만 원 초과 1억원 이하	300만 원	16.5~38.5%	495,000원 ~1,155,000원
법인 대표	4,000만 원 초과 5,675만 원 이하	300만 원	16.5~37.5%	495,000원 ~1,155,000원
개인	1억원 초과	200만 원	38.5~46.2%	770,000원 ~924,000원

• 출처: 중소기업 중앙회

은행원은 어떻게 돈을 모을까?

40%(최대 96만 원)를 공제받을 수 있습니다.

세액 공제란?

세액 공제란 금융 상품에 납입한 돈에 비례하여 세금을 줄여 주는 것을 말합니다. 소득 공제가 소득 수준에 따라 절세 금액이 달라진다면, 세액 공제는 소득 수준과 관계없이 불입한 돈에 따라 절세 금액이 달라집니다. 세액 공제의 대표 상품은 IRP와 연금 저축이 있습니다. IRP는 연 700만 원까지, 연금 저축은 연 400만 원까지 세액이 공제되며, IRP와 연금 저축에 납입한 돈을 합해 연 700만 원까지 세액이 공제됩니다. 세액 공제율은 소득 수준별로 다른데 근로 소득이 5,500만 원을 넘으면 13.2%, 5,500만 원 이하이면 16.5%의 공제율이 적용됩니다.

정리하자면 소득 공제는 소득 자체를 줄여 주는 것이고, 세액 공제는 내야 할 세금을 줄여 주는 것이라고 보면 됩니다. 직장인 이라면 연말 정산을, 사업자라면 종합 소득세를 신고해야 하므로 현명하게 절세의 효과를 누리세요.

신용이 돈이 되는 사회, 신용도 올리기

은행에서는 개개인에게 신용도를 매깁니다. 같은 은행을 이용하는 사람일지라도, 신용 등급에 따라 받을 수 있는 대출 금리가 다르지요. 현대 사회를 신용 사회라고 합니다. 신용이 높으면 대출 등에 있어서 많은 혜택을 받게 되고, 신용이 낮으면 대출과 은행 거래에 제한을 받게 됩니다. 2020년부터 신용 등급이 점수제로 바뀌었습니다. 1~10등급으로 나뉘어 있던 신용도를 지금은 0~1,000점으로 따집니다.

그렇다면 어떻게 신용을 관리할 수 있을까요? 기본적으로 연체는 절대로 해서는 안 됩니다. 소소한 카드값이나 통신비, 세금 등의 연체가 반복되면 신용도가 떨어집니다. 과거에 연체한 기록이 있으면 은행 입장에서도 돈을 빌려주기 꺼려집니다. 연체할 확률이 높은 고객으로 판단하기 때문이지요. 그래서 소액 연체도 조심해야 합니다. 또한 카드론과 현금 서비스, 캐피털사와 대부업체 대출은 받지 않는 게 좋습니다. 은행은 이런 고금리의 대출을 받는 사람을 신용하지 않습니다. 대출이 꼭 필요하다면 제1금융권의 대출을 이용하고, 가급적 고금리 대출은 지양하세요. 단기간에 여러 곳에서 대출받는 것도 불리합니다. 대출 신청 때마다 신용도를 조회하게 되기 때문이지요. '이 사람은 갑자기 대출을 여러 건 신청하네?'라고 판단될 소지가 있으므로 필요한 금액을 한 곳에서 한번에 받는 것이 유리합니다. 내 신용도를 알아볼 수 있는 사이트가 있습니다. 바로 카카오뱅크의 신용 등급 조회 서비스입니다. 조회 즉시 내 신용도를 알아볼 수 있지요. 그러나 자주 조회하면 조회 이력이 남으므로, 이유 없이 조회하지는 않도록 하세요.

그리고 신용 등급을 산정 받기 위해서는 신용카드를 하나 정도는 사용해야 합니다. 신용 거래 이력이 없으면 신용도를 파악할 근거가 없어 신용 등급 산정이 안 되는 경우도 있습니다. 현실적으로는, 신용카드 하나를 발급받아 월 100만 원의 한도를 두고 적당하게 사용하는 게 좋습니다.

현대 사회는 신용이 돈이 되는 사회입니다. 신용도가 높으면 저금리로 돈을 빌릴 수 있고, 신용도가 낮으면 고금리로 돈을 빌려야 합니다. 회사원인 경우, 매달 들어오는 월급 자체가 신용의 일부가 되기도 합니다. 신용 등급은 다양한 방법으로 산출되므로, 신용 등급을 잘 관리하는 것도 부자가 되는 방법 중 하나라는 점을 기억하세요.

∷ 신용 등급 관리하기 팁 ∷

- 10만 원 이상을 5일 이상 연체하지 않는다.
- 연체금을 갚을 때는 오래된 것부터 상환한다.
- 주거래 은행을 정해 꾸준히 이용한다.
- 대부업체, 카드론, 현금 서비스, 제2금융권 대출을 피한다.
- 관리비, 통신비 등은 주거래 은행 자동 이체로 연결한다.
- 신용카드는 하나 정도만 발급받아 적당히 거래 이력을 쌓는다.
- 빈번히 신용 등급을 조회하지 않는다.

보험 가입,
필수일까?

여러분의 통장에서도 매달 보험료가 자동으로 빠져나가고 있나요? 그렇다면 여러분은 보험에 대해 얼마나 알고 계신가요? 은행에서도 보험을 판매합니다. 방카슈랑스라고 하지요. 다만 취급하는 보험이 많지는 않습니다. 정해진 상품을 한 점포당 두 명의 직원만 팔 수 있게 제한되어 있기 때문입니다.

보험은 크게 보장형과 저축형으로 나뉩니다. 저는 보장형 보험 중 의료 실비 보험과 암 보험은 필수라고 생각합니다. 그렇다고 의료 실비 보험을 여러 개 들 필요는 없습니다. 중복 보장이 안 되고, 실제로 낸 치료비 내에서만 보장받기 때문입니다. 암 보험도 권합니다. 요즘에는 암이 너무 흔한 질병이 되었기 때문입니다. 암 보험은 보장 혜택과 보상비에 따라 불입액이 다릅니다. 암에 걸리면 치료비가 많이 드는 것은 물론이고, 일을 할 수 없으므로 생계의 위협을 받게 되니, 여력이 되면 준비하는 게 좋습니다.

저축성 보험은 보험사에서 파는 적금 상품입니다. 단, 보험사의 적금은 은행에서 가입하는 적금과 다르다는 점을 아셔야 합니다. 보험사 적금은 10년 유지 시 비과세 혜택이 있는 반면, 매달 일정 금액의 수수료가 나갑니다. 즉, 장기적으로 유지해야 유리한 상품입니다. 저축성 보험에도 연금 상품이 있습니다. 연금 상품은 소득 공제용과 순수하게 연금이 목적인 경우가 있는데, 보험사의 연금 상품은 종신으로 수령할 수 있는 장점이 있습니다.

그렇다면 비과세 보험은 약일까요, 독일까요? 비과세라는 말은 세금을 떼지 않는다는 말입니다. 우리가 받는 모든 수익에는 15.4%의 세금이 발생합니다. 예를 들어, 100만 원을 이자로 받으면, 이 중 154,000원은 세금으로 제합니다. 그런데 비과세 보험을 들면 공제 없이 100만 원을 고스란히 받아 가게 됩니다. 참 매력적이지요? 그러나 비과세 혜택을 받기 위해서는 10년 이상을 유지해야 합니다. 나라에서 정한 것입니다. 예전에는 5~7년만 유지해도 비과세 혜택을 받았지만, 지금은 무조건 10년을 유지해야 합니다. 게다가 보험사의 상품들은 보통 공시 이율이 적용됩니다. 3%의 이자를 준다고 해도, 수수료와 보수를 빼고 나면 3%가 채 되지 않습니다. 매년 오르는 물가 상승률이 2%라는 점을 고려하면, 그다지 매력적이지 않습니다. 원금이 보장되는 것은 안정적이라는 말이지만, 동시에 큰 수익을 볼 수 없다는 말입니다. 하이 리스크 하이 리턴입니다. '이 상품이 나에게 도움이 될까?'를 고민해 보고, 상품에 가입하세요.

보험은 사고와 사망 등에 대한 인간의 불안을 담보로 미래의 위험을 보장해 주는 상품으로, 자본주의를 가장 잘 이해한 업종이기도 합니다. 그리고 현재의 가치로 돈을 받고 가치가 떨어진 미래의 금액으로 보장해 줍니다. 저는 현재 의료 실비 보험과 암 보험에 소멸성으로 월 8만 원을 내고 있습니다. 보험에는 소멸성과 환급형이 있습니다. 얼핏 보면 환급형이 좋을 것 같지만 만기 시 환급되는 금액이 그리 크지 않으므로, 보장성 보험은 소멸성으로 가입하시는 것이 좋습니다. 인플레이션을 고려해 현명하게 가입하시길 바랍니다.

진짜 투자는
'나에게 하는 투자'

지금까지 은행을 제대로 활용하고 돈을 불리는 법에 대해 이야기했다면, 이제는 이 모든 것의 핵심인 '나에게 하는 투자'에 대해 이야기하겠습니다. 저는 세상에서 가장 가치 있고, 확실한 보장을 받는 투자는 나에게 하는 투자뿐이라고 생각합니다. 모든 투자는 잃을 수도 있고, 얻을 수도 있는 불확실성을 동반하지만 '나에게 하는 투자'만큼은 절대 잃는 게 없습니다.

여러분은 로또를 구매하시나요? 많은 사람이 희망을 품고 로또를 구매합니다. 그렇다면 뉴스를 통해 로또에 당첨되었음에도 빈털터리로 사는 사람들에 대한 기사를 보셨겠지요. 이들은 왜 그 많은 돈을 잃었을까요? 바로 그릇이 작았기 때문입니다. 그릇이 작은데 물이 넘쳐나면, 물은 그대로 밖으로 흘러 버리고 맙니다. 한번 새어나간 물은 주워 담을 수도 없지요. 즉, 중요한 것은 물(돈)이 아니라 나의 그릇(태도, 학습, 지식)입니다. 그러면 어떻게 나의 그릇을 키울 수 있을까요? 바로 끊임없이 공부하는 것입니다. 그러면 어떻게 공부해야 할까요? 제가 지금껏 해오고 있는 것은 '책과 신문 읽기, 강의 듣기'입니다.

첫 번째로 책은 기초적인 경제 지식을 쌓기 위한 훌륭한 도구입니다. 우리가 고전이라고 부르는 책들이 있습니다. 이런 책은 시간이 지나도 가치가 변하지 않으므로 언제 읽어도 도움이 됩니다. 경제 서적의 고전은 돈에 대한 마인드, 부를 일구기 위해 필요한 것들을 다룹니다. 로버트 기요사키의 《부자 아빠, 가난한 아빠》, 롭 무어의 《레버리지》는 돈에 대한 기본을 배울 수 있는 책이니 꼭 읽어 보세요. 책을 읽는 저만의 팁이 있다면, 책을 읽으며 빈 곳에 떠오르는 생각을 자유롭게 쓰는 것입니다. 이렇게 기록해 두면, 다시 읽었을 때 당시 했던 생각을 돌이켜 보며 얼마나 성장했는지 알 수 있습니다.

책 읽기가 익숙지 않은 사람은 책을 읽고 나서 생각 나는 게 없다고 말합니다. 무엇을 읽었는지조차 기억이 나지 않는다고 하는 사람도 있지요. 저도 그런 적이 있습니다. 이를 해결하고 싶다면, 짧은 한 줄로라도 책 후기를 남겨 보세요. 책의 속지에 키워드로 기록해도 괜찮습니다. 중요한 것은 책을 읽고 내 것으로 소화하는 과정입니다. 그래야 활용할 수 있는 진짜 지식이 쌓입니다.

두 번째는 신문 읽기입니다. 신문은 종이 신문과 인터넷 신문이 있는데, 저는 종이 신문을 권합니다. 인터넷 신문은 의도치 않게 자극적인 기사, 흥미로운 기사에만 눈길이 갈 수 있습니다. 종이 신문을 통해 정치, 경제, 사회 전반의 흐름에 관심을 두세요. 그리고 기사를 읽을 때는, 사실인지 기자의 의견인지 구분해서 읽는 분별력이 필요합니다. 사실은 그대로 받아들이되, 의견으로만 채워진 기사는 그에 대한 내 생각을 곁들여 읽으세요. 정보가 홍수처럼 넘쳐나는 시대에, 정보를 취합하는 능력만큼 중요한 것이 정보를 해석하는 능력입니다. 신문을 읽되, 나만의 해석과 생각을 겸하시길 바랍니다.

마지막은 강의를 듣는 것입니다. 책보다 빨리 최신 정보를 접할 수 있고, 강사의 노하우를 직접 전달받을 수 있는 강점이 있지요. 저 역시 다양한 부동산 강의를 통해 배우기 시작했습니다. 보통 일회성 강의는 5~10만 원, 여러 차의 정규 강의는 20~50만 원까지 합니다. 처음 강의를 듣기 시작했을 때는 비싸다고 생각했습니다. 그러나 100원을 투자해서 1만 원을 벌 수 있다면 무조건 투자해야겠죠? 강의료 100만 원을 투자해서 5,000만 원 이상을 벌어들였으니 이것이야말로 성공한 투자였습니다. 어떻게 해 나갈지, 무엇을 시작해야 할지 막막하다면 강의부터 들어 보세요. 강의실에 가면 여러분처럼 막막해하는 사람도 있고, 고수도 있습니다. 그들과 교류하며 지식과 자산을 함께 쌓아 나가시길 바랍니다.

저는 자본주의 사회에 살면서 재테크에 무지하다는 게 얼마나 위험한 일인지 깨닫고 정말 열심히 공부했습니다. 특히, 부동산은 전혀 몰랐기 때문에 3년간 쉬지 않고 공부했습니다. 주말 내내 공부하느라 오히려 출근하는 평일이 더 쉬는 날처럼 느껴졌지요. 좋아하던 해외여행도 가지 않고, 아이와의 놀이 시간도 포기한 채 매달렸습니다. 그리고 그 결과 현금 자산을 실물 자산으로 바꾼다는 개념을 알게 되고, 부자가 되는 법도 깨우쳤습니다. 이렇듯 부자가 되기 위해서는 현명하게 투자하기 위한 공부를 치열하게 해 나가야 합니다.

투자 마인드

나는 돈에 대해 얼마나 생각하는가?

버스와 지하철을 타며 사람들을 관찰합니다. '사람들은 무엇에 관심이 있을까?' 하고 들여다보지요. 동영상을 보는 사람, 게임을 하는 사람, 뉴스 기사를 보는 사람 등 다양합니다. 저도 매일 쇼핑과 야구 기사를 즐겨 보던 때가 있었습니다. 그렇게 몇 년간 재미를 추구하며 살았습니다. 그런데 남는 것은 아무것도 없었습니다.
요즘에는 주로 돈에 관해 생각합니다. 과연 돈은 무엇이며, 세상에 많은 돈은 어디에 있는지, 어떻게 하면 조금이라도 더 벌 수 있는지 등에 대해 말입니다.

사실 돈은 세상에 널려 있습니다. 내 통장에는 없을지라도 은행에는 수천, 수조의 돈이 있습니다. 그리고 통장에 찍힌 숫자만이 돈도 아니지요. 그런데 왜 사람들은 평생 돈을 벌면서도 돈 걱정에서 벗어날 수 없을까요? 돈을 버는 행위는 어떤 의미가 있으며, 돈은 반드시 노동으로만 벌 수 있는 걸까요? 어떻게 해야 같은 시간을 투입하고 남들보다 많이 벌 수 있을까요? 돈에 대해 조금이라도 고민하고 궁리한다면 지금보다 돈을 더 많이 벌 수 있으리라 생각합니다.

돈을 번다는 것은 누군가가 나에게 돈을 지불한다는 뜻입니다. 나에게 돈을 지불한다는 것은 내가 그에게 필요한 무언가를 판다는 뜻이고요. 회사원은 시간을 팔아 돈을 벌고, 프리랜서는 능력을 팔아 돈을 법니다. 유무형의 것들을 팔아 돈을 벌고 있는 것이죠. 그러나 돈을 더 벌고 싶다면 돈에 대해 지금보다 더 깊이 고민하고, 근로 소득 외에 돈 버는 방법을 찾으세요. 같은 시간을 투입해 더 많이 벌 생각을 해야 합니다. 월급에만 만족하면 평생 돈 걱정을 하며 살 수밖에 없습니다. 돈에서 자유로워지는 방법은 돈에 대해 많이 생각하고 행동하는 것뿐입니다.

PART 4

투자 3단계 :
본격적으로
돈 불리기

이제 본격적으로 돈을 불릴 차례입니다. 여러분은 투자해 본 적이 있나요? 소소하게 주식을 해 보는 정도이거나, 손해를 보더라도 과감한 투자를 해 본 적이 있을 수도 있습니다. 이 장에서는 여러분의 투자 성향을 분석하고, 주식과 부동산 등 다양한 투자 방법에 대해 본격적으로 이야기합니다. 투자를 통해 반드시 진짜 돈인 자산을 만드시길 바랍니다.

나의
투자 성향은?

재테크의 필요성에 대해 알았다면, 이제는 구체적인 재테크 방법을 공부할 차례입니다. 그리고 구체적인 방법을 논하기에 앞서 나의 투자 성향을 알 필요가 있습니다.

리스크가 없으면서 높은 수익을 내는 상품은 이 세상에 없다고 이야기했습니다. 그렇다면 여러분은 이 리스크를 어느 정도까지 감당할 수 있으신가요? 투자 상품이란, 원금 전액 손실이 날 수도 있는 구조입니다. 공부하지 않고는 절대로 전 재산을 맡기면 안 되지요.

여러분은 안정을 추구하나요? 아니면 약간의 리스크를 부담하고서라도 고수익을 추구하나요? 투자를 잘하는 사람은 자신의 투자 성향에 대해 잘 알고 있으며, 감당할 수 있는 리스크의 크기도 계산할 줄 압니다. 그래서 투자를 나에 대해 알아가는 과정으로 생각하는 사람도 있습니다.

은행에서는 펀드의 위험성에 대해 '초고위험, 고위험, 중위험, 저위험, 초저위험' 5등급으로 표시합니다. 아래의 표를 보고 여러분의 투자 성향을 파악해 보세요. 개인적으로는 젊은 분들은 자산을 조금 공격적으로 운용하셨으면 합니다. 소득이 늘어나는 시기이므로 자산을 공격적으로 늘릴 수 있는 때입니다. 은퇴를 앞둔 분이라면 안정적인 상품에 가입하세요. 이 시기는 돈을 불리기보다 돈을 지키는 것이 중요합니다.

:: 투자 성향 테스트 ::

1. 연령대는 어떻게 되시나요?
    ① 19세 이하
    ② 20세~40세
    ③ 41세~50세
    ④ 51세~60세
    ⑤ 61세 이상

2. 투자하고자 하는 자금의 투자 가능 기간은 얼마나 되시나요?

　① 6개월 이내

　② 6개월~1년 이내

　③ 1~2년 이내

　④ 2~3년 이내

　⑤ 3년 이상

3. 다음 중 어떤 투자를 경험해 보셨나요? (중복 가능)

　① 은행의 예·적금, 국채, 지방채, 보증채, MMF, CMA 등

　② 금융채, 신용도가 높은 회사채, 채권형 펀드, 원금 보존 추구형 ELS 등

　③ 신용도 중간 등급의 회사채, 원금 일부만 보장되는 ELS, 혼합형펀드 등

　④ 신용도가 낮은 회사채, 주식, 원금이 보장되지 않는 ELS, 시장 수익률 수준의 수익을 추구하는 주식형 펀드 등

　⑤ ELW, 선물 옵션, 시장 수익률 이상의 수익을 추구하는 주식형 펀드, 파생 상품에 투자하는 펀드, 주식 신용 거래 등

4. 금융 상품 투자에 대한 본인의 지식수준은 어느 정도라고 생각하시나요?

　① 매우 낮은 수준: 투자 의사 결정을 스스로 해 본 경험이 없는 정도

　② 낮은 수준: 주식과 채권의 차이를 구별할 수 있는 정도

　③ 높은 수준: 투자 가능한 다양한 금융 상품의 차이를 구별할 수 있는 정도

　④ 매우 높은 수준: 금융 상품을 비롯하여 모든 투자 대상 상품의 차이를 이해할 수 있는 정도

5. 현재 투자하고자 하는 자금은 전체 금융 자산(부동산 제외) 중 어느 정도의 비중을 차지하나요?

　① 10% 이내

　② 10~20% 이내

③ 20~30% 이내

④ 30~40% 이내

⑤ 40% 이상

6. 다음 중 당신의 수입원을 가장 잘 나타내고 있는 것은 무엇입니까?

① 현재 일정한 수입이 발생하고 있으며, 향후 현재 수준을 유지하거나 증가할 것으로 예상된다.

② 현재 일정한 수입이 발생하고 있으나, 향후 감소하거나 불안정할 것으로 예상된다.

③ 현재 일정한 수입이 없으며, 연금이 주 수입원이다.

7. 만약 투자 원금에 손실이 발생할 경우, 다음 중 감수할 수 있는 손실 수준은 무엇입니까?

① 무슨 일이 있어도 투자 원금은 보전되어야 한다.

② 10% 미만까지는 손실을 감수할 수 있을 것 같다.

③ 20% 미만까지는 손실을 감수할 수 있을 것 같다.

④ 기대 수익이 높다면 위험이 높아도 상관하지 않겠다.

문항별 점수표

구분	문항						
	1번	2번	3번	4번	5번	6번	7번
①	12.5점	3.1점	3.1점	3.1점	15.6점	9.3점	−6.2점
②	12.5점	6.2점	6.2점	6.2점	12.5점	6.2점	6.2점
③	9.3점	9.3점	9.3점	9.3점	9.3점	3.1점	12.5점
④	6.2점	12.5점	12.5점	12.5점	6.2점	−	18.7점
⑤	3.1점	15.6점	15.6점	−	3.1점	−	−

투자 성향별 점수표

투자 성향	점수
① 안정형	20점 이하
② 안정 추구형	20점 초과~40점 이하
③ 위험 중립형	40점 초과~60점 이하
④ 적극 투자형	60점 초과~80점 이하
⑤ 공격 투자형	80점 초과

① 안정형 : 예금이나 적금 수준의 수익률을 기대하며, 투자 원금에 손실이 발생하는 것을 원하지 않는다. 원금 손실의 우려가 없는 상품에 투자하는 것이 바람직하며 CMA와 MMF가 좋다.

② 안정 추구형 : 투자 원금의 손실 위험은 최소화하고, 이자 소득이나 배당 소득 수준의 안정적인 투자를 목표로 한다. 다만, 수익을 위해 단기적인 손실을 수용할 수 있으며, 예·적금보다 높은 수익을 위해 자산 중의 일부를 변동성 높은 상품에 투자할 의향이 있다. 채권형 펀드가 적당하며, 그중에서도 장기 회사채 펀드 등이 좋다.

③ 위험 중립형 : 투자에는 그에 상응하는 투자 위험이 있음을 충분히 인식하고 있으며, 예·적금보다 높은 수익을 기대할 수 있다면 일정 수준의 손실 위험을 감수할 수 있다. 적립식 펀드나 주가 연동 상품처럼 중위험 펀드로 분류되는 상품을 선택하는 것이 좋다.

④ 적극 투자형 : 투자 원금의 보전보다는 위험을 감내하더라도 높은 수준의 투자 수익을 추구한다. 투자 자금의 상당 부분을 주식, 주식형 펀드 또는 파생 상품 등의 위험 자산에 투자할 의향이 있다. 국내외 주식형 펀드

와 원금 비보장형 주가 연계 증권(ELS) 등 고수익·고위험 상품에 투자할 수 있다.

⑤ 공격 투자형 : 시장 평균 수익률을 훨씬 넘어서는 높은 수준의 투자 수익을 추구하며, 이를 위해 자산 가치의 변동에 따른 손실 위험을 적극적으로 수용할 수 있다. 투자 자금 대부분을 주식, 주식형 펀드 또는 파생 상품 등의 위험 자산에 투자할 의향이 있다. 주식 비중이 70% 이상인 고위험 펀드가 적당하고, 자산의 10% 정도는 직접 투자(주식)도 고려해 볼 만하다.

투자 성향별 투자 상품(펀드 및 펀드 외 상품 구분, 상품 위험도 기준)

집합 투자 증권 (펀드)	매우 높은 위험	높은 위험	다소 높은 위험	보통 위험	낮은 위험	매우 낮은 위험
	초고위험		고위험	중위험	저위험	초저위험
펀드 외 금융 투자 상품	○	○	○	○	○	○
공격 투자형(1등급)			○	○	○	○
적극 투자형(2등급)				○	○	○
위험 중립형(3등급)					○	○
안정 추구형(4등급)					○	○
안정형(5등급)						○

주식과 펀드,
무엇으로 시작할까?

투자 성향을 파악하셨나요? 이번에는 투자 상품에 대해 설명하겠습니다. 최근 코스피가 상승하면서 주식과 펀드에 관심을 두는 사람이 많아졌습니다. 그런데 주식과 펀드는 무엇이 다를까요? 둘 다 투자 상품이라는 것은 알겠는데 말이죠.

먼저 주식이란 한 회사를 사는 것으로 생각하면 좋습니다. 정확히는 내가 그 회사의 주주가 되는 것이죠. 그 회사에서 일하는 건 아니지만, 회사의 일부를 소유하는 셈입니다. 주주로서 배당금을 받기도 하고, 의결권을 갖고 있기도 하지요. 그런데 초보자는 종목 선정하기부터도 너무 어렵습니다. 그래서 소위 작전주인, 남이 좋다고 하는 주식에 투자하게 되지요.

펀드는 이런 단점을 보완해 줍니다. 펀드는 자산 운용 회사의 금융 자산 운용가가 여러 사람의 자금을 모아 투자하는 방식입니다. 여러 종목에 나누어 투자하므로 주식보다 리스크 헷지가 되는 편입니다. 한 펀드 안에는 여러 개의 개별 주식 종목이 들어 있습니다. 보통 모멘텀이나 섹터가 비슷한 분야의 주식 종목들이 들어 있지요. 즉, 펀드는 금융 자산 운용가가 알아서 돈을 투자해 주고, 그 수익금을 나누어 주는 구조라고 할 수 있습니다. 대신 운용 보수나 수수료를 부담해야 하며, 운용 인력에 의해 수익률이 좌지우지하기도 하고, 운용 시 주식보다 보수가 높은 편입니다.

저는 주식과 펀드 둘 다 투자하고 있습니다. 주식은 장기 투자용과 단기 투자용 계좌를 따로 만들어, 우량주는 꾸준히 사모으고 어느 정도 수익을 실현한 주는 팔기도 합니다.
펀드의 경우, 주가가 조정받을 때는 목돈을 거치해 두기도 하지만 기본적으로는 적립식 투자를 원칙으로 합니다. 매달 같은 금액을 불입하는데, 펀드를 적립식으로 하는 이유는 주가가 오르건 내리건 꾸준히 매입하게 되므로 평균 매입 단가가 평준화되기 때문입니다. 내가 찾으려는 시점에 외부 사정에 의해 주가가 조정받는 경우가 아니라면 보통 시장 평균 수익 이상의 수익을 볼 수 있지요.

개별 주식을 매수하기에는 단가가 커서 부담이라면, 매달 소액을 불입하며 다양한 기업에 투자하는 효과도 볼 수 있습니다. 또한, 수익률 문자 통지 서비스 같은 사후관리가 잘 되어 있어 처음 투자를 시작하는 사람에게 좋습니다.

그렇다면 이제 주식 투자를 위해서는 꼭 알아야 할 개념을 이야기하겠습니다. 바로 '인덱스, 레버리지, 인버스'입니다. 인덱스란, '코스피200'이라는 주가 지수를 추종하는 지수를 말합니다. 코스피200이란 말 그대로 종목 200개를 선정하여 종합 주가 지수의 움직임을 반영할 수 있도록 만든 지수로, 인덱스는 코스피200과 비슷하게 움직인다는 측면에서 개별 주식보다는 위험도가 낮다고 볼 수 있습니다.

레버리지란 우리말로 지렛대입니다. 지렛대를 사용하면 같은 힘으로 더 큰 무게를 들어 올릴 수 있지요. 부동산 투자에서도 레버리지(전세보증금)를 사용하면 원금 대비 높은 성과를 기대할 수 있듯이, 주식 시장에서도 마찬가지입니다. 레버리지 역시, 주식 시장이 상승하는 경우 1.5배의 높은 상승을 기대할 수 있고, 주식 시장이 하락하는 경우 1.5배 낮은 결과 값, 즉 1.5배의 손실을 볼 수 있습니다. 말 그대로 상승 시에는 수익이 크고, 하락 시에는 손실이 큰 구조입니다.

인버스는 지수의 역 수익률을 추종합니다. 역 수익률이란 쉽게 말해, 주식 시장 하락 시 수익을 추구하는 구조입니다. 즉, 주식 시장이 하락할 것이라고 예상하는 경우의 인버스 펀드에 투자하면 되겠죠. 주식 시장의 움직임과 반대 방향의 성과를 추구하기 때문에 주식 시장이 하락할 경우엔 수익이 발생하지만, 주식 시장이 상승할 경우엔 투자 원금 손실이 발생하게 됩니다.

이제 주식과 펀드의 차이를 이해하셨나요? 마이클 거버는 "귀로 들은 것은 잊어버리리라. 눈으로 본 것은 오래 기억하리라. 행동하기 전까지는 그 어떤 것도 기억하지 못하리라."라는 명언을 남겼습니다. 저는 어떤 지식이든 직접 해 보지 않으면 무용지물이라고 생각합니다. 주가가 오르건 내리건 신경 쓰지 말고, 매달 같은 날짜에 같은 금액으로 주식을 매수하거나 펀드에 불입하세요. 주가가 내려간 달은 더 많은 주식을 살 수 있고, 주가가 오른 달은 더 적은 주식을 사게 될 것입니다. 그리고 몇 년이 흐른 뒤, 이 값은 평균으로 돌아올 것입니다. 평균 매입 단가가 미래의 주가보다 낮을 것이기 때문입니다. 투자에 관심이 있고, 해 보고 싶다면 펀드부터 가입해 보세요. 적립식으로 2~3년간 불입하는 것을 시작으로 매일 수익률을 살펴보고, 하락 시에는 왜 하락했는지, 상승 시에는 왜 상승했는지 연구하세요. 다만, 펀드는 매입과 환매 시에 며칠이 소요됩니다. 시장을 바로 반영하지 못하는 단점이 있지요. 그러나 이 또한 매일 주식 창을 들여다보기 힘든 회사원에게는 장점이 됩니다.

펀드로 경험을 쌓았다면 이제 주식을 해 볼 차례입니다. 주식 계좌를 만들고, 직접 매수를 실행해 보세요. 주식 계좌는 해당 증권사 앱에서 개설하거나 은행에서 개설할 수 있습니다. 그리고 잘 아는 종목부터 사 보세요. 단기간 상승과 하락에 일희일비하지 않고, 회사의 가치에 투자하는 마인드를 지니시길 바랍니다. 그렇게 하나둘 경험이 쌓이면 돈이 되고, 내가 평생 써먹을 수 있는 지식이 됩니다.

성향에 맞는
투자처 찾는 법

여러분은 주식과 부동산 중 무엇에 더 관심이 많으신가요? 저는 사회 초년생 시절에는 열심히 적금을 불입했습니다. 매달 100만 원씩 적금을 넣고, 1년에 1,200만 원이라는 돈과 소정의 이자를 받았지요. '이렇게 8년만 모으면 1억은 금방 모으겠구나.' 하며 희망에 가득 찼습니다. 그렇게 3년 정도 열심히 적금으로 돈을 모았습니다. 그런데 그사이 제가 모으는 돈보다 더 빠르게 오르는 게 있었습니다. 바로 물가였습니다. 8년 뒤에 열심히 1억을 모아도 지금보다 가치가 떨어질 게 뻔했죠. 이렇게 모아서는 영원히 부자가 될 수 없다는 걸 깨달았습니다.

그래서 재테크를 시작했습니다. 처음에는 쉽게 할 수 있는 주식을 샀습니다. 삼성전자, 한국전력 등 이름만 대면 알 만한 회사의 주식을 샀지요. 이런 우량주를 사서 소소하게 돈을 불려 나갔습니다. 벌기도 하고 잃기도 하면서 '내가 모르는 것은 하지 말자.' 라고 다짐했습니다. 이렇게 돈을 불리는 방법을 연구하며 현재는 부동산, 달러 등 다양한 종목에 투자하고 있습니다.

여러분은 주식 투자를 선호하시나요, 부동산 투자를 선호하시나요? 일단 주식은 거래가 쉽고, 수시로 호가가 오르락내리락하므로 시세 변동에 민감합니다. 조금만 올라도 수익을 실현하기는 쉽고, 소액으로도 시작할 수 있습니다. 하지만 부동산은 거래 단위가 크고, 쉽게 사고팔 수 있는 것이 아닙니다. 비자발적으로 중장기 투자를 하게 됩니다. 일정 기간 이상 보유하면 세금도 적기 때문에 최소 몇 년 이상 보유하게 되지요. 게다가 부동산은 중장기적으로 우상향입니다. 부동산 가격이 오른다기보다 물가가 오르는 거라고 생각하는 게 옳습니다. 그러나 주식은 그럴 수도 있고 아닐 수도 있습니다. 종목에 따라 다르지만, 코스닥의 경우 상장 폐지가 되는 경우도 있습니다. 10년 전에 8만 원이었던 주식이 현재 반 가격에 거래되는 것도 있을 정도이지요.
많은 사람이 부동산은 억대의 금액이 오가기 때문에 리스크가 클 거라 생각하는데, 오히려 주식보다 가격 변동성이 덜해 안정적입니다. 물론, 주식으로 돈을 버는 사람도 있습니다. 분명한 것은 내가 어떤 투자 성향을 가졌느냐, 나는 어느 정도의 리스크를 감수할 수 있느냐에 따라 투자처를 달리 해야 한다는 것입니다.

부동산은 나중에 다루기로 하고, 여기서는 주식에 대해 이야기해 볼까요? 사회 초년생들이 많이 시작해 보는 재테크가 주식입니다. 손가락 몇 번이면 거래가 가능하고 소액으로도 할 수 있기 때문이지요. 상장 지수 펀드 ETF 상품은 6,000원 내외의 상품도 있고 1주만 사 볼 수도 있습니다. 저 역시도 사회 초년생 때 가장 먼저 시작했던 재테크가 주식이었습니다. 그리고 10년 전부터 주식 거래를 해온 사람으로서, 저만의 기준이 있습니다.

첫째, 독점적 기업에 투자하는 것입니다. 독점적 기업이란 망하지 않을 기업을 말합니다. 세계 1등 대기업, 공기업 등을 말하지요. 이들의 주식이 단기간에 큰 시세 차익을 가져다주지는 않습니다. 하지만 정기적으로 배당을 받으면서 오랜 기간 보유하면 시세 차익을 볼 수 있습니다. 흔히 말하는 테마주, 인기주 같은 것은 하루에 20% 이상씩 상승하기도 합니다. 하지만 그런 주식은 저와는 맞지 않았습니다. 하루에도 몇 번씩 트레이딩 시스템에 들어가서 주가를 확인해야 하고, 등락 폭에 따라 자산이 좌지우지되는 게 싫었습니다. 저는 단기간의 수익은 낼 수 없어도 지속해서 성장 가능한 회사에 투자하는 게 좋았습니다.

둘째는 싸게 사는 것입니다. 시세보다 싸게 사는 것이 주식 투자의 핵심입니다. 일반적으로 경제 위기가 왔을 때 시세보다 싸게 주식을 매입할 수 있습니다. 템플턴 주식회사 CEO인 존 템플턴 역시 '주식을 사야 할 때는 비관론이 팽배할 때'라고 했습니다. 그런데 쌀 때 사는 게 쉽지는 않습니다. 떨어지면 더 더 떨어질 것 같아서입니다. 손실 회피성과 기대심리가 동시에 발동하지요. 그래서 많은 사람이 주식을 비싸게 사고 싸게 되팔며 손해를 봅니다. 그러나 저는 반드시 실제 가치보다 저렴할 때 삽니다.

셋째는 장기 보유입니다. 즉, 시간에 투자합니다. 최근에 일부 종목으로 단기간 수익을 내기도 했지만, 장기 투자가 기본입니다. 직장 생활을 하면서 재테크로 주식을 하고 있다면 단기 투자보다 장기 투자를 하세요. 사고팔면서 시세 차익을 실현할 때마다 궁극적으로는 증권사만 부자가 됩니다. 한 회사의 주식을 산다는

것은 내가 그 회사의 주주가 되는 것입니다. 그 회사가 성장하는
건 내 자산이 불어나는 것과 같습니다. 안전한 주식 투자는 없지
만 제 기준에 안전한 주식이란, 절대 망하지 않을 회사 혹은 우리
나라 1등 회사, 독점적 지위를 가진 회사의 주식입니다. 제가 투
자하는 회사는 그런 회사입니다.

직장인은 주식을 자주 사고팔기도 힘들뿐더러 단기 투자로는 큰
돈을 벌기 어렵습니다. 워런 버핏은 자신을 '게으름뱅이 투자가'라
고 하였습니다. 우량주를 사서 장기간 보유하는 게 그가 부자가
된 유일한 비법이었습니다. 기억하세요. 전업 투자자가 아닌, 직장
인 투자자라면 우량주를 사서 오래 기다려야 실패하지 않습니다.

　저도 처음 주식을 시작했을 때는 소액으로 시작했습니다. 그
러다가 수익이 나기 시작하자 점점 큰돈을 투자하게 되었지요. 주
식으로 굴리는 돈만 3,000만 원 정도였는데, 단기간에 500만 원
이상의 수익이 났습니다. '초심자의 행운'입니다. 주식 초보였던
제가 500만 원을 번 건 순전히 운이었지요. 그러나 그때는 제 실
력이 좋아서라고 생각했습니다. 그렇게 수익을 본 후 증권사 직원
이 추천해 주는 종목을 매수했습니다. '증권사 직원이니까 나보다
더 잘 알겠지'라는 마음에 자세히 알아보지도 않고 투자한 것입

　　　　　　　　　은행원은 어떻게 돈을 모을까?

니다. 그러나 주식은 시장 상황에 많은 영향을 받는 분야입니다. 아무리 잘나가는 펀드 매니저라도 시장 상황이 좋지 않을 때는 수익을 내기 어렵습니다. 저는 600만 원의 손실을 보게 되었고, 결국, 번 돈보다 잃은 돈이 많아졌습니다. 내 돈을 남에게 맡긴 대가였습니다.

재테크를 하기로 마음먹었다면 반드시 스스로 공부하고 시작하세요. 목돈을 모으는 기나긴 과정을 거치며 지식을 함께 쌓아 나가야 합니다. 그래야 절대 잃지 않는 투자를 할 수 있습니다.

주식	펀드
개별 주식 매수 - 직접 투자	펀드 매니저가 운용 - 간접 투자
개별 주식 매수	펀드 상품에 가입
회사의 주주가 된다	분산 투자가 가능하다

공통: 원금 보장, 예금자 보호가 안 된다.
리스크를 감당할 수 있는 수준에서 운용한다.

• 출처: 중소기업 중앙회

ELS와 ELT,
ELF가 뭐예요?

적금으로 목돈을 모아 본 사람이라면, 목돈 불리는 법에 관심이 많을 것입니다. 현재 정기 예금의 이자는 1%가 채 되지 않습니다. 예금으로 목돈을 불려 나가기에는 좋지 않은 상황입니다. 그래서 많은 사람이 투자 상품에 관심을 갖게 되었습니다. 대표적인 투자 상품은 ELS, ELT, ELF입니다.

ELS(Equity-Linked Securities)는 '주가 연계 증권'입니다. 미국, 홍콩, 한국, 일본 등 여러 나라의 주가를 기초 자산으로 하여, 가입 시점과 6개월 뒤 시점의 주가를 비교해 일정 수준 이하로 하락하지 않으면 원금과 이자를 받고 찾아가는 상품입니다. 예금자 보호나 원금 보장이 되지 않으며, 중도 해지 시 원금 손해가 발생하지만, 일반적인 정기 예금보다는 이자가 높습니다. ELT(Equity Linked Trust)는 증권사가 발행한 파생 결합 증권인 ELS를 은행 신탁 계정에 편입한 상품입니다. 즉, ELS와 비슷한 구조의 상품이면서 ELS는 증권사 계정으로, ELT는 은행 신탁 계정으로 운용됩니다. ELT(Equity Linked Fund)는 ELS와 ELD의 중간 형태입니다. ELS를 기초 자산으로 하는 펀드를 말합니다.

이들은 어떻게 수익이 날까요? ELT의 경우, 대부분이 3년 만기입니다. 일정 모집 기간에 해당 회차의 가입자를 모은 뒤, 특정일을 기준 가격으로 6개월, 1년, 1년 6개월, 2년, 2년 6개월, 3년 뒤의 기초 자산에 따라 만기가 도래합니다. 90%, 90%, 85%, 85%, 80%, 65% 시작 시점의 기준 지수와 비교해 6개월 뒤의 기준 지수가 90% 이하로 하락하지만 않으면 만기에 조기 상환됩니다. 코스피200, 스탠더드 앤드 푸어스500(S&P500), 유로스톡스50(EUROSTOXX50) 등의 지수를 기초 자산으로 하는 경우가 대부분이므로, 우리나라 증시뿐 아니라 세계 증시와도 관련이 깊습니다. 주식에 투자되는 게 아니라 단순히 지수만 비교하여 만기가 도래하는 상품이기 때문에 만기 전에는 대부분 원금이 상환됩니다.

ELS나 ELT는 원금 보장이나 예금자 보호는 되지 않지만 정기 예금보다 높은 수익을 낼 수 있다는 것이 가장 큰 장점입니다. 다만, 중도 해지 시에는 원금을 다 받을 수 없다는 단점이 있습니다. 정기 예금 수익에 만족하지 못하는 분들이라면 이런 상품들로 자산을 운용하는 것 또한 방법이 될 수 있습니다.

최근에는 이러한 투자 상품에 대한 가입 및 사후 관리가 철저해졌습니다. ELS와 ELT 등은 위험도가 있는 자산이므로 자금 운용 상황과 기간을 고려하세요. 6개월에서 1년 뒤에 사용해야 할 자금이라면 무리하지 않는 게 좋습니다. 돈을 버는 것보다 돈을 지키는 게 중요합니다.

부동산을 알아야 하는 이유

이제 본격적으로 부동산 이야기를 해볼까 합니다. 부동산은 재테크 목적이 아니더라도 삶의 필수 요소이기 때문에 반드시 알아야 합니다. 의식주에서 '주'에 해당하므로, 월세든 전세든 자가든 꼭 있어야 하지요. 주식과 펀드처럼 선택할 수 있는 게 아니라, 생존에 필수라는 점에서 유의미합니다.

저는 여러 번의 이사를 했습니다. 이사할 때 전세는 전혀 고려하지 않았습니다. 어차피 아이를 키우면 몇 년은 머물러야 하는데, 2년마다 이사하면서 불안을 느끼고 싶지 않았습니다. 딱 한 번 전세를 산 적이 있는데, 친정 부모님께 육아를 도움받아야 할 때였습니다.

전세로 거주하는 사람 중에는 다양한 이유로 전세만 고집하는 사람이 있습니다. 저는 청약 목적이나 자금 사정 때문이 아니면 내 집 한 채는 꼭 있어야 한다고 생각합니다. 내 집 한 채가 주는 안정감은 매우 큽니다. 재테크의 수단이 아니라 나와 내 가족을 지켜 주는 소중한 보금자리이기 때문이지요. 간혹 "집값이 너무 올라서 조금 내려가면 사려고요."라는 사람이 있습니다. 이런 사람은 집값이 하락하는 시기가 와도 사지 못합니다. 오르면 비싸서 못 사고, 내려가면 더 내려갈까 봐 못 사는 것이 집입니다. 또한 집값은 10년 전이나, 20년 전이나 늘 비쌌습니다. 집값이 하락하면 산다는 무주택자 분들에게 말씀드리고 싶습니다. 지금까지 집값이 떨어진 적은 딱 두 번 뿐이었습니다. IMF와 서브프라임 금융 위기 때입니다. 그 외에 집값은 장기적으로 보았을 때 늘 우상향이었습니다. 단기간 조정은 있을 수 있지만 5년, 10년 후에는 지금보다 올라 있을 가능성이 큽니다. 인플레이션뿐 아니라 다양한 이유로 말이지요.

1년 뒤에 팔 생각으로 집을 사는 사람은 드뭅니다. 간혹 전세가 안전하다고 생각하는 분들이 계시는데, 2년 뒤 보증금을 그대로 돌려받는 것을 생각하며 전세살이를 공짜로 사는 것과 같다고 생각한다면 오산입니다. 물가는 매년 2%씩 오르고 있습니다. 교통비, 식자재비가 오르는 것만 봐도 체감이 되지요. 즉, 2년 뒤에 돌려받는 보증금의 가치는 지금의 가치보다 낮을 것입니다. 전세살이를 안전하다고 여긴다면 생각을 바꾸세요. 2년씩 만기가 도래할 때마다 내 보증금의 가치는 점점 줄어들고 있다는 것을 인지하셔야 합니다. 교통비가 오르듯이, 짜장면 값이 오르듯이 집값도 우상향일 가능성이 높습니다.

결혼하고 내 집에서도 살아 보고, 전세살이도 해 보았습니다. 그러면서 '내 집 한 채는 꼭 있어야 한다!'라는 것을 느꼈습니다. 집은 투자가 아니라 필수입니다. 집값이 오르면 다른 집도 다 오르므로 좋아할 일도 아니지만, 집값이 하락한다고 해도 집 한 채는 남기 때문에 상심할 것도 없습니다. 간혹, 실거주 비용을 최소화해서 투자하는 사람도 있지만, 그건 투자의 고수들이나 하는 것입니다. 보통의 가정이라면 일단 내 집 한 채는 마련해 두고, 투자 활동을 하는 게 바람직합니다.

투자를 잘해서 돈을 많이 벌었더라도, 내가 살 집 한 채가 없어서 2년마다 이사를 해야 한다면 어떨까요? 돈을 버는 건 행복을 위해서인데, 미래의 행복을 위해 현재의 행복을 포기하는 건 맞지 않습니다. 특히 맞벌이하는 가정이라면, 최대한 대출을 레버리지 해서 실거주할 집을 마련하세요. 투자용이 아닌 한, 집값이 오르든 내리든 상관이 없습니다. 오른다고 팔 게 아니기 때문입니다. 집값은 영원한 상승도 없고, 영원한 하락도 없습니다. 오름폭의 차이만 있을 뿐 집값은 무조건 오릅니다.

구축, 신축, 대단지, 평지, 언덕 다 살아 보면서 제가 정한 저만의 부동산 투자 기준이 있습니다. '지어진 지 10년 이내의 준 신축일 것, 초등학교가 도보로 5분 이내일 것, 평지일 것'입니다. 아이를 안전하게 키울 수 있다는 것이 얼마나 중요한지, 왜 엄마들이 초품아(초등학교를 품은 아파트)를 선호하는지 엄마가 되면서 알았습니다. 부동산을 공부하며 인생을 배우고 인간에 대해 알게 되었지요.

많은 사람들이 이런 생각을 합니다. '작년보다 1억이나 올랐는데 더 오를까? 거품 아닐까?'라고 말이죠. 가격을 볼 때는 과거와 비교해서 얼마나 올랐는가보다 주변 지역과 비교해 평가하는 게 좋습니다. 과거의 시세는 과거일 뿐입니다. 중요한 것은 미래이므로, 정책과 공급량 등의 수치로 예측해야 합니다. 과거에 연연해 가격을 비교하면 집은 영원히 살 수 없습니다.

새로 분양하는 아파트의 프리미엄을 볼 때도, 프리미엄 자체가 아닌 분양가와 프리미엄을 합한 절대가만 보시길 바랍니다. 프리미엄에 대한 대가는 집값이 오를지, 내릴지 모르는 상황에서 용기 있게 분양받은 사람이 가져가는 혜택이지, 프리미엄이 벌써 1~2억 붙었다고 해서 상투라고 판단하는 것은 오류를 불러옵니다. 제가 사는 지역의 새 아파트 역시 분양가 대비 2배가 올랐습니다. 5억일 때 분양받았는데, 프리미엄만 5억 이상이 붙었지요. 프리미엄이 2억일 때 너무 비싸다고 안 샀던 사람은 현재 땅을 치고 후회하고 있을 테고, 저처럼 주변 아파트 가격과 비교한 뒤 절대가를 보고 매수한 사람은 웃고 있겠지요.

작년에 실거주 집을 매수하고 갈아타기를 했습니다. 친정 옆에서 오래 살게 될 것 같아 전세가 아닌 매매를 선택했지요. 그렇게 이사한 집은 2개월 만에 1억이 올랐습니다. 호가만 오른 게 아니라 실제로 1억이 오른 가격으로 거래가 되었으며, 1년이 지난 지금은 2억 가까이 상승했습니다. 제가 매수했던 가격은 현재의 전세가가 되었지요.

현재 부동산은 매매가와 전세가가 동시에 상승하는 시장입니다. 부동산 투자는 수학 공식처럼 딱 떨어지지 않지요. 심리, 정책, 규제 등 다양한 요소에 의해 변동합니다. 가장 중요한 건 지금이 어느 사이클에 있느냐는 것입니다. 집값이 오르면 당연히 좋지만 실거주하는 집이 오르는 건 기분만 좋을 뿐 수익이 없습니다. 그러므로 실거주할 집을 마련하고, 여력이 된다면 투자를 통해 수익을 보길 바랍니다. 그래야 집값이 오르는 것에 대한 이익을 가져갈 수 있습니다. 실거주할 집은 내 자산을 지키기 위한 최소한의 도구일 뿐입니다.

1억을
사기당하다

저의 실거주 매수 사례를 보면 모두 성공한 것처럼 보이지만, 사실 많은 실수를 반복했습니다. 사람들은 쉽게 부자가 되고 싶어 합니다. 쉽게 돈을 벌고 쉽게 돈을 불리고 싶어 하지요. 그러나 이렇게 마음먹는 순간, 이성적으로 생각하지 못하게 됩니다. 누군가의 말에 혹해 전 재산을 맡기기도 하지요. 누구에게나 알려진 정보는 가짜 정보일 가능성이 큽니다. 누군가가 정보를 준다면, 진짜 정보인지 아닌지 판단할 줄 아는 안목을 키워야 합니다.

2010년, 입사한 지 2년 남짓 되었을 때 저에게는 3,000만 원 정도의 목돈이 있었습니다. 당시 지인이 평창에 땅을 사 두면 많이 오를 거라고 해서, 계약서에 도장을 찍고 계약금과 잔금 1억을 보냈지요. 1억이란 큰돈이 뚝 떨어지는 것은 아니었기에, 저는 그간 모은 돈에 빌린 돈과 마이너스 통장까지 사용해서 잔금을 치렀습니다. 그런데 2개월이 지나도 등기는 나오지 않고, 땅을 소개한 사람과는 연락이 닿지 않았습니다. 사람들은 저에게 사기가 아닌지 물었고, 그제야 머리를 무언가로 세게 맞은 듯한 기분이 들었습니다. 가만히 생각해 보니, 계약서를 작성하고 돈을 보내는 모든 과정이 허점투성이였습니다. 돈을 매도자에게 보내야 하는데, 중개인에게 보낸 것도 저의 실수였고, 중개인이 공인 중개사 보험에 가입되어 있는지 확인하지 않은 것도 저의 실수였지요. 어떠한 확인 절차도 없이, 그저 돈을 벌 수 있다는 말에 큰돈을 송금한 대가는 너무 컸습니다.

돈 앞에서 이성을 잃었던 저 자신을 오래도록 원망했습니다. 사기로 경찰서에 신고하고, 사건 해결을 위해 이리저리 알아보며 다시 한번 알았습니다. 사기범을 잡는다고 해도 돈을 받을 방법이 없다는 걸 말이죠. 이 사건 이후로, 저는 누군가가 돈을 벌게 해준다거나 좋은 투자처가 있다고 하는 말을 믿지 않습니다. 누군가가 정보를 준다고 하면 '그렇게 좋으면 자기 가족에게나 소개할 것이지 왜 나한테 말할까?'라고 생각합니다. 돈에 있어서만큼은 끊임없이 의심하고 또 의심하는 습관을 지니게 된 게 이때부터입니다. 1억이라는 수업료를 내고 배운 경험입니다.

투자를 한다면 반드시 나만의 소신과 판단으로 하시길 바랍니다. 누군가의 추천에만 의지해 돈을 번다면 그 돈은 진짜 내 것이 아닙니다. 우리가 투자를 하는 이유는 평생 쓸 수 있는 무기를 만드는 과정입니다. 단 한 번의 투자로 부자가 될 수 없듯이 늘 돈을 우선으로 하기보다는 물건을 보는 능력, 투자를 잘할 수 있는 능력을 키워 나가시길 바랍니다.

저는 제 아이에게도 세상에 공짜가 없다고 가르칩니다. 아무런 노력도 하지 않고, 가만히 누워서 떡이 떨어지기만 바라서는 안 됩니다. 부디 나의 소중한 돈을 남에게 맡기지 말고 스스로 공부해서 투자하시길 바랍니다. 내 돈을 가장 소중히 여기는 사람도, 내 돈을 가장 잘 지킬 수 있는 사람도 나 자신임을 기억하세요.

집은 원래
대출받아 사는 것

    부동산이 어렵게 느껴지는 이유는 가격대가 높기 때문입니다. 주식은 소액만 있어도 시작할 수 있지만, 부동산은 목돈이 필요하므로 진입 장벽이 높아 보입니다. 저도 한때는 5억짜리 집을 사려면 5억을 모아야 하는 줄 알았습니다. 5억을 모으려면 1년에 1억씩 모아도 5년이 걸리지요. 1년에 1억을 모으는 것도 불가능하지만, 5년 뒤에도 집값이 5억일 리도 없습니다. 그러므로 집을 사려는 사람은 대출을 똑똑하게 레버리지 해야 합니다. 월급을 모아서 집을 산다는 것은 부의 추월차선이 아니라 서행 차선으로 가겠다는 말이나 마찬가지입니다.

    주택 담보 대출은 정책에 따라, 시장 상황에 따라 한도를 다르게 적용합니다. 특히 지금처럼 부동산에 규제가 심할 때는 주택을 담보로 대출받기가 하늘의 별 따기입니다. 그러나 불과 몇 년 전만 해도 빚내서 집을 사라고 권장했던 것을 아시나요? 대출 한도가 70%나 하던 때도 있었습니다. 이때야말로 대출 레버리지를 활용하기 가장 좋은 때였습니다. 그렇다면 정부는 왜 빚을 내서 집을 사라고 했을까요? 지금처럼 부동산 과열기였을까요? 당연히 아닙니다. 그때는 집값이 오랜 기간 오르지 않아, 집을 사면 바보라는 소리를 듣던 시기였습니다. 앞으로 인구가 줄어들면 집값이 하락할 것이므로 집은 사면 안 되는 것이었습니다. 그래서 많은 사람이 전세를 선택했습니다. 그런데 전세에 대한 수요가 많아지자 전세가가 오르기 시작했습니다. 게다가 주택 건설 경기가 나빠져 건설사들은 분양을 하지 않았지요. 그렇게 주택은 부족하고 전세난은 극심해졌습니다. 즉, 전세가는 폭등했지만, 매매 수요는 여전히 침체되어 있었기에, 정부는 주택 매수를 권장한 것입니다.

그렇다면 2021년 현재, 주택 담보 대출에 대한 규제가 강력한 이유는 무엇일까요? 집을 사서 돈을 벌어 본 경험이 있는 사람들이 대출을 받아 집을 더 사는 것을 방지하기 위함입니다. 그러나 여전히 집을 사려는 사람은 많습니다. 정부에서 강력한 규제를 내놓아도 사람들은 집을 사고 싶어 하지요. 그렇다면 몇 년 뒤에도 지금과 같은 정책이 유지될까요? 그건 아무도 모릅니다. 중요한 건, 정부가 어떤 정책을 내놓는지 살펴보는 것만으로도, 현재 시장에 어떻게 돌아가는지를 알 수 있다는 것입니다.

여러분은 대출을 레버리지 하여 부자가 되는 방법을 선택하세요. 5억이라는 돈을 다 모아서 집을 사는 게 아니라, 대출을 받아서 집값 전액을 보유하지 않고도 집을 살 수 있는 방법을 알아야 합니다. 대출받을 때는 금액을 최대한으로 받고, 상환 기간은 최대한 길게 설정하시길 바랍니다. 대출을 빨리 갚아야 한다는 부담 대신, 대출을 활용해 자산을 늘려가겠다고 생각하는 게 유리합니다. 5억짜리 집을 살 때 1억을 대출받았다고 가정해 봅시다. 1억을 10년 안에 갚는 것과 35년 동안 갚는 것 중 어느 것이 유리할까요? 1억을 35년에 걸쳐서 갚게 된다면 35년 뒤 1억은 얼마의 가치를 지닐까요? 한 1,000만 원 정도의 해당하는 가치일까요? 요즘 물가 오르는 속도를 보면 그보다 더 작은 가치일지도 모릅니다.

시간이 흐를수록 돈의 가치가 낮아진다는 것을 알게 되면 대출을 현명하게 활용할 수 있게 됩니다. 돈의 가치가 낮아지는 것을 활용하여 돈을 버는 보험사처럼 우리도 돈의 가치가 낮아지는 것을 적극적으로 활용하여 자산을 불려야 합니다. 매달 상환 여력이 되는 범위 내에서 대출을 현명하게 활용하시길 바랍니다. 단언컨대 대출을 잘 활용하는 것이 빠르게 부자가 되는 길입니다.

똑똑하게
대출받는 법

　예금은 한 회사의 대표가 가입하든, 직원이 가입하든 같은 이율을 적용받지만, 대출은 그렇지 않습니다. 개개인이 전부 다른 이자율을 적용받습니다. 급여에 따라, 자동 이체 여부에 따라, 이전에 받은 대출 금액에 따라서 말이지요. 대출받으면, '부수 거래 감면 금리'라는 말을 듣게 될 것입니다. 얼마만큼의 거래를 하느냐에 따라 금리 감면 혜택을 받는 것입니다. 간혹, 은행에서 금리 감면 혜택을 제시하면서 상품을 권유할 때가 있는데, 이런 것도 잘 활용하면 좋습니다.

　가장 큰 대출 금리 감면 혜택을 받을 수 있는 것은 급여 이체 항목입니다. 급여는 매달 정해진 날짜에 입금받은 금액만을 급여로 인정합니다. 물론, A은행에서 급여를 받는 사람이 B은행에서 대출받을 때도 급여 항목에 따른 금리 감면 혜택을 받을 수 있습니다. 매달 A은행에서 B은행으로 '급여'라는 적요를 지정해서 자동 이체하면 됩니다. 카드 사용도 마찬가지입니다. 매달 일정 금액 이상 카드를 사용하면 금리 감면 혜택이 주어지므로 적절하게 활용하는 게 좋습니다.

대출을 이용하는 사람이라면 '금리 인하 요구권'도 알아 두어야 할 사항입니다. 오래전부터 시행해 오던 제도지만 적극적으로 고지되지 않아 모르는 사람이 많습니다. 금리 인하 요구권은 대출받은 사람이 대출 기간 중 직장 또는 직급 변동, 부채 감소, 신용 등급 상승, 연 소득 증가 등 신용 상태가 개선된 경우 금융사에 요구할 수 있습니다. 새해가 되어 연봉이 올랐다든지, 연봉 협상을 새로 했다든지, 신용도가 개선되었을 경우 이용해 보시길 바랍니다. 금리 인하 요구권이 받아들여지면, 0.5~2%까지 금리 인하가 가능하며, 은행과 보험사, 카드사, 저축은행에 요구할 수 있습니다. 신청 시에는 신용 상태 개선을 증명할 수 있는 증빙 자료를 준비하세요.

신용이 좋은 사람은 낮은 금리로 돈을 빌릴 수 있고, 신용이 나쁜 사람은 높은 금리로 돈을 빌릴 수밖에 없습니다. 은행에서 신용도가 좋은 사람에게 저금리로 빌려주는 것은 당연합니다. 충분히 상환할 능력이 있다고 보기 때문입니다. 반대로 신용도가 낮은 사람은 연체 가능성이 있다고 판단하기 때문에 높은 금리를 적용합니다.

신용도 하락을 막기 위해서는 앞서 이야기했듯이, 휴대폰 할부금이나 대출금, 공과금, 카드값 등을 연체하지 않아야 합니다. 소액이라도 5일 이상 연체하면 신용도가 하락할 수 있으며, 한 번 하락한 신용도는 올리기 어려우므로 대출을 현명하게 받기 위해서는 신용 관리에 힘쓰세요. 현대는 신용 사회입니다. 신용을 돈보다 소중히 여기고 관리하시길 바랍니다.

나만의 기준으로
투자하기

부동산 투자에 있어서 가장 중요한 것은 나만의 기준을 갖는 것입니다. 제가 현재 보유한 부동산은 모두 5년간 이룬 성과입니다. 투자를 목적으로 산 첫 부동산은 투자금에 비해 아쉬운 점이 많았습니다. 그러나 모든 경험은 자산이 된다는 것을 배웠고, 이후로는 돈보다는 경험을 산다고 생각하며 부동산 투자를 이어나갔습니다. 세입자와의 관계, 부동산 사장님과의 관계, 잔금 지급일자 협상, 가격 협상 등 지난 5년간의 경험이 학교에서 배운 것보다 값졌습니다.

세상에는 투자의 고수가 많습니다. 부동산뿐 아니라 다양한 분야에 고수가 존재하지요. 그들의 방식이 나에게 맞을 수도 있고, 맞지 않을 수도 있습니다. 중요한 것은 그들에게서 배울 점을 취해서 나만의 기준을 만드는 것입니다. 3년간 여러 채의 부동산에 투자하며, 저는 '준 신축, 30평대, 초품아'로 기준을 정했습니다. 임차인이 사는 집이지만 내가 임차인이어도 살고 싶을 집에 투자하기로 결심한 것이지요. 이런 마음으로 투자한 곳이 인천에 있는 신축 아파트입니다. 수도권의 집값 상승이 인천까지 영향을 끼치기 시작하고, 저렴한 매물이 빠지면서 저는 2개월 만에 1억 상승을 맛보았지요. 그리고 현재는 2억 이상 상승했습니다.

매매가가 큰 폭으로 상승하자, 기쁨보다는 1억을 사기당했던 일이 떠오르며, 부자가 되기 위해서는 돈을 많이 버는 것보다 돈을 담는 그릇의 크기를 키우는 게 중요하다는 것을 다시 한번 뼈저리게 느꼈습니다. 그릇이 작은 사람은 1억도 지키지 못합니다. 돈을 버는 일보다 그릇을 키우고, 경험을 사는 일에 집중해야 더 좋은 투자를 할 수 있습니다. 투자는 평생 해야 합니다. 그러므로 조급하게 투자하기보다 실력과 경험, 자산을 쌓는다는 마음으로 투자해 나가시길 바랍니다. 나름의 투자 기준을 세워 재개발, 재건축, 빌라, 상가, 토지, 경매, 아파트 등의 부동산에 투자해 보세요.

초보 투자자를 위한
부동산 공략법

초보 투자자의 부동산 투자 5단계

'부동산 투자를 어떻게 시작해야 하지?' 초보 투자자들이 가장 처음에 맞닥뜨리는 고민입니다. 이 시세가 맞는지도 모르겠고, 어떤 공부를 해야 할지도 모르는 사람이라면 다음과 같은 방법을 추천합니다. 저 역시도 꾸준히 실천하고 있는 방법이며, 최소 1년 이상은 꾸준히 해야 성과를 볼 수 있습니다.

경제 신문 읽기

매일매일 경제 신문을 읽으면서 부동산 동향을 파악하세요. 기사를 읽을 때 가장 중요한 것은 기사에 대한 기자의 의도를 파악하고, 내 생각을 덧붙이는 일입니다. 신문에 나왔다고 해서 공식적인 정보는 아닙니다. 기자 역시 사기업에 속한 직원 중 한 명일 뿐이지요. 기사가 사실인지 의견인지를 분별하고, 내 생각을 담아내는 연습을 하세요.

KB 부동산, 한국감정원 사이트 확인하기

부동산 공부를 시작했다면 자주 임장을 가야 합니다. 직접 가서 현장의 이야기를 들으세요. 전국을 다 돌아볼 수 없다면 KB 부동산과 한국감정원을 통해 주간 동향을 파악할 수 있습니다. 특히 KB 부동산은 매주 금요일에 전국 부동산의 상승률과 하락률, 지역 동향에 대한 의견을 제공해서 유용합니다. 그외 '네이버 부동산, 호갱노노, 아파트 실거래가, 부동산랭킹, 부동산지인' 등의 사이트를 참고하여 부동산 시장의 흐름을 파악하세요.

물론, 상승률과 하락률은 평균치이므로, 자세한 조사는 반드시 현장 방문이나 근처 부동산에 전화해 확인해야 합니다. 같은 지역이라고 해도 신축인지 구축인지, 역세권인지 아닌지에 따라 천차만별이기 때문입니다.

시세조사하기

부동산에 투자하기로 했다면 앞으로 자주 시세를 들여다보아야 합니다. 부동산 앱을 깔고, 내가 사는 지역과 내 일자리가 있는 지역의 시세를 파악하세요. 주말에 나들이할 때도, 여행할 때도 그 지역의 시세를 파악해야 합니다. 그래야 싼 지역과 비싼 지역에 대한 감이 생기고, 비교 기준이 생깁니다. 시세를 조사했다면 바로 기록하고, 올랐다면 왜 올랐는지, 하락했다면 왜 하락했는지 그 이유를 알아보세요. 저 역시 1년 전에는 부동산을 통해 브리핑받은 가격을 복기하고는 했는데, 조사 후에 왜 시세가 변화했는지 원인을 아는 게 중요하다는 걸 깨달았습니다. 그래야만 기회가 왔을 때 빠르게 투자할 수 있습니다.

부동산 강의 듣기

초보라면 부동산 강의를 추천합니다. 저 역시 부동산 강의를 통해 많이 배웠습니다. "책에 다 나와 있는데 강의를 꼭 들어야 하나요?"라고 묻는 사람도 있습니다. 그러나 책에 나온 것 이상으로 배울 수 있는 게 강의입니다. 책은 출판까지 몇 개월의 시간이 걸립니다. 요즘처럼 부동산 시장이 빠르게 변화하는 경우에는 그 속도를 담아내기 어려울 수 있습니다. 그러나 강의는 변화의 속도를 빠르게 쫓아 시의성 맞는 정보를 제공합니다. 또한, 강의를 통해 하나라도 배운다면 큰 수확이지요.

수강할 때는 백지상태로 가면 절대 안 됩니다. 최소한의 공부를 하고 난 후 깊은 공부를 하고 싶을 때 수강하세요. 용어조차 모르고 수강하면 얻을 수 있는 게 아무것도 없습니다. 기본은 알아야 보이고 들리는 법입니다. 내가 무엇을 알고, 무엇을 모르는지를 알고, 모르는 것을 채운다는 개념으로 강의에 접근하시길 바랍니다. 책과 인터넷을 통해 기초 지식을 쌓고 가는 게 가장 좋겠지요.

실전 투자하기

배움을 배움에서 끝내지 않기 위해서는 실전 투자가 필요합니다. '언제까지 투자하겠다!'라는 구체적인 목표를 세우고, 그에 맞게 실행하세요. 저는 무슨 일이든 완벽하게 준비하고 시작하기보다 일단 시작하고 보는 편입니다. 처음부터 완벽할 수는 없습니다. 여러 번 시도하면서 완벽을 추구하는 것이지, 완벽하게 준비한 뒤에는 기회조차 오지 않을 수 있습니다. 신중한 것은 좋지만, 두려움 때문에 주저하는 일은 없었으면 합니다. 실제로 부동산을 매매하고, 임차인을 구해 보세요. 이렇게 현장에 적용해 보아야 현실을 배울 수 있습니다.

초보 투자자의 실전 부동산 공략 5단계

누구에게나 처음은 있습니다. 저 역시 30년 넘게 살면서 한번도 자의로 부동산을 방문한 적이 없습니다. 마음먹고 부동산에 투자 매물을 보러 가기로 한 날, 저는 부동산 앞에서 30분을 서성이다 들어갔습니다. 중개인이 투자자라고 하면 싫어하지 않을까 걱정이었거든요. 그러나 남이 나를 어떻게 볼지 걱정하지 마세요. 나는 투자자이고, 물건을 매수할 의향이 있다는 확신을 갖고 부동산에 방문하는 게 첫 번째입니다.

시장 파악하기

먼저 관심이 있는 지역의 투자하고 싶은 단지가 있다면 부동산에 전화해 해당 단지의 상황을 파악합니다. 매매로 나온 집이 몇 채인지이 따라 현재 그 지역의 시장 분위기를 파악할 수 있습니다. 매물이 많다는 건 매매가 잘 안 되고 있다는 것이므로 협상에서 우위를 차지할 수 있는 '매수자 우위 시장'이 형성되었다는 말입니다. 반대로 매물이 별로 없다면 집이 부족하다는 의미이므로 매도자가 부르는 게 값이 됩니다. '매도자 우위 시장'이라고 합니다. 평소에 자주 전화해 관심 단지의 분위기를 파악하세요.

부동산 예약하기

전화로 단지 분위기를 파악했다면, 이제 방문 예약을 할 차례입니다. 부동산에 예약해 두면 중개인이 미리 리스트를 작성해 두기 때문에 시간을 절약할 수 있습니다. 저는 주로 네이버 부동산으로 예약합니다. 관심 있는 단지 내에 있는 부동산을 지정해서 예약할 수 있기 때문입니다. 단지 내 부동산이어야 매물을 많이 갖고 있습니다.

매물 보기

본격적으로 중개인과 매물을 보러 갈 차례입니다. 가기 전에 몇 채의 집을 볼 것인지, 평형과 가격대는 어떠한지 대략의 정보를 정보를 알아 두세요. 집을 보러 가면서도 중개인에게 최근 시장 분위기에 대해 물어보면 좋습니다. 매물을 보는 중에는 매도자가 집을 파는 이유에 집중합니다. 급하게 파는 집이라면 가격 협상에 좋고, 급하지 않다면 가격 협상이 어렵습니다. 처음부터 너무 많은 매물을 보러 다니면 헷갈리므로 이때는 각 집마다의 특징을 잡아서 시각화하는 것이 좋습니다.

매물 정리하기

집을 다 봤다면 오늘 본 매물을 정리합니다. 센스 있는 중개인이라면 미리 매물에 대해 정리해 주지만, 그렇지 않다면 요구하세요. "오늘 본 물건들 좀 정리해 주시겠어요?"라고 요구하면, 수리비가 추가로 들어갈 집, 세입자 만기를 맞춰야 할 집, 양도세 때문에 잔금을 뒤로 늦춰야 할 집 등 특이점을 정리해 줄 것입니다. 케이스는 무척 다양합니다. 매물을 정리하며 특징을 기억하세요. 매물 정리를 위한 양식은 제가 운영하는 네이버 카페에 있으니 참고하면 좋습니다.

투자 대상 선정하기

투자 대상을 선정할 때는 이들 중 가장 저렴하고 상태가 좋은 집을 선택하면 됩니다. 그중에서 잔금일이 고정되지 않은 집이 가장 좋지요. 잔금일이 고정되어 있다는 것은 반드시 그때까지는 돈을 마련해야 한다는 뜻이므로 불리합니다. 잔금일이 유동적이면서 가격이 저렴한 집을 선택하세요. 이렇게 특정 매물을 선택한 다음에는, 매도자의 매도 사정을 통해 가격 협상을 시도합니다.

가격을 협상할 때는 조급함을 드러내지 않아야 합니다. "○억까지 협상 가능할까요?"라고 예의 있는 말투로 묻는 게 가장 좋습니다.

'부동산 투자를 해야겠다.'라고 마음먹은 사람은 분양권, 갭 투자, 재개발, 재건축 등 다양한 투자 방식을 고민하게 됩니다. 그리고 대부분은 갭 투자를 하지요. 갭 투자란 매매가의 차액과 전세가의 차액으로 투자하는 방식입니다. 소액으로 투자할 수 있다는 장점이 있는 반면에 전세가가 하락하면 역전세가 날 수 있는 단점이 있지요. 저 역시 갭 투자로 시작했습니다. 구축 갭 투자를 시작해서 점점 신축으로 넓혀 나갔고, 분양권 투자까지 경험했지요. 청약에 당첨되어 보기도 하고, 프리미엄이 붙은 분양권을 사 보기도 했습니다. 그리고 지금도 다양한 방법으로 부동산에 투자하고 있습니다.

정답은 없습니다. 무조건 수익이 나는 것도 무조건 손해 보는 것도 없습니다. 요즘처럼 신축에 대한 선호도가 높으면 분양권에서 수익이 날 가능성이 크고, 투자의 고수는 재개발로도 많은 수익을 냅니다. 하나의 방식을 고수하는 것도 방법이고, 시기에 맞게 투자하는 것도 방법입니다.

부동산 투자 사례 1-
저평가된 구축, 투자할까?

1년간 부동산을 공부하고, 투자 대상을 찾기 시작했습니다. 그리고 죽전을 눈여겨보았지요. 학군이 좋고, 강남으로의 접근성이 좋은 데에 비해 절대가가 저렴했기 때문입니다. 회사에서 죽전까지 두 시간이 넘게 걸렸지만, 거의 매일 임장했습니다. 자정이 넘어 새벽 1시까지 말이죠. 더운 여름에는 땀을 뻘뻘 흘리며 임장을 하고, 근처 찜질방에서 잠깐 눈을 붙였다가 새벽 4시에 일어나 새벽 임장을 하고, 6시에 출근하기도 했습니다. 그리고 하루 휴가를 내서 중개인을 만났습니다.

당시 죽전은 매도자 우위 시장이었습니다. 20평대는 물건조차 없었고, 30평대도 집주인들이 다 거둬들인 상태였지요. 게다가 한 달 전보다 매매가가 2,000만 원 가량이나 올랐습니다. 그러나 저는 여전히 저평가 지역이라고 생각했습니다. 당시 제가 거주하던 경기도의 1기 신도시는 30평대가 4억이 넘는데, 더 입지가 좋은 죽전은 30평대가 3억대였거든요. 가격이 올라 갭이 벌어지고, 투자자가 몰려 단지 내 전세가 많아진 게 문제였습니다.

당시 제가 매수한 집은 단지에서 딱 하나 남은 집이었습니다. 하루만에 가격을 2,000만 원이나 올려서 내놓았지만, 학군이 좋고, 세월의 흔적은 있으나 발코니 확장과 새시 수리가 되어 있어 보통은 되었습니다. 그런데 제가 결정적으로 이 집을 매수한 이유는 집주인의 매도 사유 때문이었습니다. 집을 꼼꼼히 보고 나오며, 집주인에게 물어보았습니다.
"어디로 이사하세요?" 집주인은 사는 집을 팔고 무주택 자격을 유지해서 청약을 넣을 거라고 했습니다. 그래서 이사할 곳을 알아볼 예정이라고 말이지요. 저는 그 말에 바로 집을 계약했습니다. 아이들이 초등학생이라 이사가 쉽지 않은 상황이니, 집주인이 전세로 살아도 괜찮을 거라 판단했지요. 매도자는 이사하는 수고를 덜 수 있고, 저는 매매 계약과 동시에 전세 계약을 할 수 있으니 서로 좋은 조건이었습니다. 그렇게 저는 이 집을 매수했고, 매도자는 이 집에 전세로 살게 되었습니다. 그리고 얼마 지나지 않아 타 지역의 새 아파트에 분양을 받으셨다는 기쁜 소식도 들을 수 있었습니다. 이 경험을 통해 때로는 매도자의 매도 사유가 매수의 결정적 이유가 될 수도 있다는 걸 깨달았습니다.

여러 평형에 투자해 보니 지역별, 단지별로 집중적으로 공략해야 할 평형이 있다는 걸 알았습니다. 10~20평대 초반의 교통이 편리한 곳은 신혼부부가 많이 선호합니다. 20평대의 방 세 개짜리 구조는 대부분의 사람이 선호하고, 30평대는 학군이 받쳐 주어야 좋습니다. 이렇게 투자 지역을 선정할 때는 평수별 선호하는 연령대를 파악하고, 실수요자를 파악하고, 교통과 학군 등 지역의 강점을 관찰하는 노력을 해야 합니다.

부동산 투자를 하면서 알고 지내는 중개인도 생기고, 매도자와 세입자도 만나며 다양한 사연을 듣게 됩니다. 투자를 위해서는 이들을 한 번 스치는 인연으로 생각하기보다 파트너, 안내자로 여기는 게 좋습니다. 인연을 중시하세요. 가끔은 사람이 투자에 결정적인 요소가 되기도 합니다. 매도자의 매도 사유를 파악하는 것이 매수에 결정적인 요인이 될 수 있다는 걸 유념해야 합니다.

부동산 투자 사례 2-
갭 투자로 연봉의 1.5배를 벌다

투자하는 법을 배우고 싶었던 저는 꾸준히 한국감정원의 시세 그래프를 들여다보고, 과거를 복기했습니다. 그러던 2019년 가을, 과거 서울이 상승하면 경기도와 인천도 함께 상승했던 것에 비해 너무도 잠잠한 인천을 보았습니다. 인천에 직접 가 보아도, 중개인 대부분이 인천은 집값이 오르지 않을 거라고 했습니다. 그러나 서울이 이렇게까지 폭등하는데 인천이라고 가만히 있을까요? 그래서 인천 내에서 지역 주민이 선호하지만 저평가 지역인 곳을 찾아보았습니다.

저는 '부동산 랭킹'이라는 시세 조사 사이트를 통해 인천의 시세를 파악했습니다. 그중 미추홀구가 인천 내 평 단가 하위에 있음을 확인했습니다. 빌라가 많고 정비되지 않은 지역이라 평 단가는 제일 낮지만, 이는 곧 재개발 호재가 있을 거란 말이었지요. 그래서 현재 미추홀구 용현동 내에서 가장 비싼 아파트이자 대장 아파트가 된 SK 스카이뷰를 주목하게 되었습니다. 당시 이 단지는 제 투자 기준에 딱 맞는 단지였습니다. 역세권, 대단지, 30평대, 초품아였거든요. 평 단가는 낮지만, 지역 사람들이 선호하고 있었고, 30평대의 절대가 4억은 저평가된 가격이라는 확신이 들었습니다.

그런데 부동산에서는 4억도 비싸다고 했습니다. 3억에 분양했을 때도 미분양이 난 데다 홈쇼핑에서 분양권을 판매한 적도 있다는 이유였습니다. 그러나 서울과 경기도의 여러 아파트를 임장하고 온 저에게 4억은 정말 매력적인 가격이었고, 전세가도 입주 시기보다 꾸준히 올라 3억 5천만 원으로 세팅할 수 있어 마음에 들었습니다. 투자금 5,000만 원으로 새 아파트를 살 수 있으리라는 기대에 설렜습니다. 그러나 당시에는 바로 매수하지 못했고, 11월에 다시 중개인이 연락을 주어 매수했습니다. 회사 업무로 바쁜 나날을 보내고 있을 때였지요.

"잘 지내셨어요? 그때 보고 가신 물건은 팔렸는데, 다른 물건도 있으니 보러 오세요." 잊지 않고 찾아 준 중개인의 말에 저는 다시 인천을 찾았습니다.

그렇게 다시 한번 중개인을 만나 몇 채의 집을 보았고, 그중에서 마음에 드는 집을 매수하기로 했습니다. 그런데 결과적으로는 이 집을 매수하지 못했습니다. 계약금을 보내려던 차에, 매도인이 돌연 마음을 바꾸었기 때문입니다. 그러자 중개인이 이번에는 4억대의 저렴한 매물을 하나 보여 주었습니다. 원래 매수하려던 집보다 낮은 층이었지만 그래도 중층은 되었고, 단지가 보이는 전망이라 아이 키우는 집에서 선호할 것 같았습니다. 계약금을 보내고 계약서를 작성하는 날이 왔습니다. 구두로 잔금을 4개월 뒤로 정하였고 계약서에도 명시되어 있었지요. 그런데 이번에는 갑자기 매도인이 송도로 이사해야 하니 잔금을 앞당겨 달라고 요구하였습니다. 아이 학교 개학에 맞춰서 이사하고 싶다는 게 이유였지요. 사실 갭 투자는 새로운 세입자를 구하고, 잔금일에 세입자의 전세금으로 등기를 치는 방식입니다. 그래서 세입자를 구하지 못하면 대출을 받아 등기해야 하는 상황이 발생합니다. 즉, 잔금일이 여유로울수록 세입자를 구할 기간이 넉넉해집니다. 애초에 잔금일을 4개월 뒤로 잡은 것도 이 때문이었지요. 그러나 같은 아이를 키우는 입장이니, 새 학기에 아이를 입학시키고 싶은 마음도 충분히 이해되었습니다. 그래서 매도자의 요구에 응해 주었고, 중개인의 노력으로 날짜에 맞춰 세입자를 구할 수 있었습니다.

저는 역지사지하기 위해 늘 노력합니다. 여자의 마음을, 엄마의 마음을 누구보다 잘 아니까요. 은행원으로서도 고객의 마음에 공감하기 위해 노력합니다. 타인의 부정적인 감정은 최대한 전이되지 않도록 하고, 진심으로 상대방의 마음을 알아주고, 원하는 대로 해 드립니다. 중개인도 저와 비슷한 일을 하는 분이니 공감대가 많이 형성되었습니다. 그러면서 좋은 물건도 소개받고, 투자까지 마무리할 수 있었겠지요.

좋은 중개인을 만난 덕분에 제 자산 바구니에 좋은 물건을 담을 기회를 얻었습니다. 시세 차익도 덤으로 누리게 되었고요. 세상 모든 일이 사람과의 관계로 이루어집니다. 만나는 모든 사람에게 최선을 다하고, 좋은 인상으로 남을 수 있도록 하세요. 이런 노력은 결국 행복과 예상치 못한 수익으로 돌아옵니다.

부동산 투자 사례 3-
청약으로 새 아파트 갖기

청약 통장은 무조건 가입하시길 바랍니다. 지금은 수도권 대부분 지역이 투기 과열 지구로 묶여서 다주택자는 청약이 어려워졌지만, 2019년 12월에만 해도 경기도와 인천의 수도권 지역은 비조정 지역이라 청약이 가능했습니다.

제가 청약한 단지는 신규 택지 개발 사업이 진행되는 단지였습니다. 주변에 곧 분양을 앞둔 대단지가 있어서 상대적으로 당첨 가능성이 높아 보였지요. 그리고 실제로 이 단지는 1순위 청약에서 2:1 이하의 경쟁률을 보였고 저는 당첨의 기쁨을 맛볼 수 있었습니다. 계약금과 발코니 확장비 약 4,000만 원만 내고 새 아파트를 소유할 수 있게 된 것이지요. 준공될 때까지 중도금을 대출받고, 입주할 때는 실제 입주하거나, 전세를 둠으로써 부족한 차액만 부담하면 되었습니다.

많은 사람이 집값의 50%는 있어야 청약할 수 있다고 생각합니다. 그러나 당첨 후 바로 넣어야 하는 납입금은 분양가의 10~20% 정도뿐입니다. 중도금 대출은 잔금 대출로 전환하면 되고, 부담해야 하는 약 30%의 잔금은 입주 후 3년 안에 마련하면 되지요. 간혹, 집이 있는데 청약 통장을 왜 개설해야 하는지 묻는 사람이 있습니다. 물론 지금 당장은 필요하지 않을 수 있습니다. 그러나 주택 시장은 변화합니다. 다주택자도 청약을 넣을 수 있게 될 수도 있고, 갑자기 집을 팔아야 할 날이 올 수도 있습니다. 저 역시 다주택자인 제가 청약에 당첨될 줄은 몰랐습니다. 하지만 여전히 기회는 있었고, 저는 그 기회를 잡았죠. 부자는 늘 긍정적이고 좋은 방향으로 생각합니다. 반면, 빈곤한 사람은 늘 부정적이고 매사 불평만 하다가 기회를 놓치고 맙니다. 저는 투자를 시작한 후에 더 긍정적이고, 행복해졌습니다. 돈이 많아서가 아니라, 인생을 바라보는 관점이 바뀌었기 때문입니다. 모든 사람은 자신의 안경으로 세상을 바라봅니다. 부정적인 시각으로 보여주는 안경을 쓸지, 긍정적인 시각으로 보여주는 안경을 쓸지는 각자의 몫입니다. 딱 하나 자신 있게 말씀드릴 수 있는 것은 긍정적으로 채우는 순간 더 많은 기회를 마주할 것이라는 겁니다. 다주택자로서 청약에 당첨된 저처럼 말이죠.

분양받은 아파트는 현재 프리미엄이 5,000만 원 정도 붙은 상태로, 입주 시기쯤에는 프리미엄이 더 높게 형성될 예정입니다. 입주 전 실수요자에게 매도해도 되고, 전세를 놓아도 되므로 다양한 경우의 수를 생각해 볼 수 있게 되었습니다.
어쨌든 청약은 새 아파트를 가장 저렴하게 분양받을 수 있는 방법입니다. 가점이 낮은데 경쟁률이 높은 단지에 넣고 싶다면, 비선호 평형과 타입을 선택해서 도전하는 것도 방법임을 알아 두시길 바랍니다.

그리고 청약에 관심이 있는 분이라면 '청약홈' 앱을 내려받아 매일 청약 일정을 확인하세요. 저는 지금도 매일 확인합니다. 당첨이라는 행운은 끊임없이 도전하는 사람에게만 주어지는 법입니다.

투자 마인드

순자산 20억을 달성하다

여러분은 재정 현황에 대해 얼마나 파악하고 계신가요? 자산과 순자산이 얼마인지 알고 계시나요? 혹시 아직 모르신다면, 아래 표를 활용하여 주기적으로 자산과 순자산의 증가 현황을 파악해 보시길 바랍니다.

저 역시 투자를 시작하면서 자산과 순자산 현황을 점검하고 있습니다. 처음에는 자산이 미미했습니다. 그러나 현금을 자본으로 바꾸는 과정을 몇 년간 지속하니 순자산이 폭발적으로 늘어, 2019년에는 10억을 달성하고, 1년이 채 안 되어 2배로 불었지요. 주식과 부동산 시장이 폭발적으로 상승하면서 일어난 현상이라 내세울 만한 성적은 아니지만, 10억, 20억이라는 수치를 저처럼 평범한 사람도 달성할 수 있다고 말씀드리고 싶습니다.

투자를 시작하기 전에는 이 정도의 자산은 상위 1%의 부자만 달성할 수 있는 줄로만 알았습니다. 그러나 거북이처럼 묵묵히 목표를 향해 달리다 보니 그 이상을 달성했지요. 신기한 것은 돈이 많을수록 가속도가 붙는 것입니다. 10억을 달성하는 데 3년이 걸렸다면 20억을 달성하는 데는 1년밖에 걸리지 않았습니다. 20억이 두 배로 불어나는 데는 더 짧은 시간이 걸릴 것이라고 예상합니다. 돈이 돈을 번다는 말이 틀린 말이 아니었습니다. 같은 1%의 수익이라도 1,000만 원을 투자하면 10만 원, 1억 원을 투자하면 100만 원을 벌게 됩니다. 즉, 얼마만큼 목돈을 빠르게 모으느냐, 모은 목돈을 어디에 투자하느냐가 핵심입니다.

끊임없이 찍어내고 불어나는 현금을 실물 자산으로 바꾸는 과정, 희소한 기업에 투자하는 과정, 자본주의 사회에서 부자가 되는 과정은 아주 단순합니다. 누가 먼저 이것을 깨닫고 실천하느냐의 차이일 뿐입니다. 2021년 재무 계획을 세워 보고, 매달 재무제표를 만들어 성과를 측정하시길 바랍니다. 투자를 끊임없이 지속해야 합니다. 큰 그림을 그리고 방향성을 추구하세요. 그러지 않으면 길을 잃게 될지 모릅니다. 여러분은 올해 어떤 계획이 있으신가요? 저는 다이어트, 영어 공부보다 제 인생의 비전과 재무를 계획하는 것입니다. 여러분도 올 한 해 누구보다 적극적으로 돈에 대해 공부하고, 배워 나가시면 좋겠습니다.

:: 나의 자산 현황표 ::

■ 수입 지출 파악 예

수입		지출	
급여	2,500,000원	생활비	800,000원
이자		카드값	
아르바이트		의료 실비 보험	80,000원
		월세	500,000원
		펀드	
		연금	200,000원
		적금	900,000원
계	2,500,000원	계	2,480,000원
잉여 자산			20,000원

▪ 가입한 금융 상품 예

	상품명	월 납입액	수익률	잔고	만기
적금	A은행 ○○적금	100,000원	1.8%	7,000,000	2021.12
적금 (여행 자금)	A은행 ○○○적금	50,000원	1.8%	600,000	2021.07
예금	A은행 ○○예금	–	2.0%	10,000,000원	2022.02
의료 실비 보험	B화재 보험	15,000원	–	–	2030.02
상해 보험	B화재 보험	62,000원	–	–	2050.02
펀드	C금융투자	납입 중지	–	–	–
예비비	A은행 ○○예금	–	0.1%	2,500,000원	–
합계		227,000원		20,100,000원	

PART 5

투자의 마무리 :
돈이 들어오는
시스템
구축하기

근로 소득만으로는 돈 모으기가 쉽지 않은 시대입니다. 확실히 돈을 모으고 싶다면 부업으로 자산을 늘리세요. 지속적인 현금 흐름의 힘은 무시할 수 없습니다. 그리고 투자를 통해 열매를 맺은 후에는 일하지 않아도 돈이 들어오는 시스템을 구축하세요. 이 장에서는 돈이 흐르는 시스템을 구축하기 위한 방법을 이야기합니다.

블로그,
왜 안 하세요?

네이버는 전 국민이 사용하는 웹사이트라고 해도 과언이 아닙니다. 그중에서도 블로그는 아이디만 만들면 즉시 글을 쓰고 발행할 수 있는 플랫폼입니다. 사용하기도 쉽고, 운영하기도 쉽지요. 저는 경제 활동을 하는 사람이면 누구든 블로그를 운영해야 한다고 생각합니다. 사업가라면 사업을 홍보해 주는 도구가 될 것이며, 일반인이라면 글을 통해 나를 홍보할 수 있는 도구가 될 것입니다. 학창시절 전단을 나눠 주는 홍보 아르바이트를 한 적이 있습니다. 블로그는 20년 전의 그 전단과 같습니다.

제가 블로그를 운영하는 목적은 두 가지입니다. 하나는 수익화고, 하나는 브랜딩입니다. 7년 전, 블로그로 수익을 낼 수 있다는 사실을 알게 되었습니다. 무상으로 제품을 제공받아 후기를 올리는 체험단을 통해서였지요. 저는 당시 육아 중이어서 유모차, 카시트, 아기 띠 등 육아용품을 제공받고 후기를 남기는 조건으로 체험단 활동을 시작했습니다. 돈으로 환산하면 결코 적은 돈이 아니었지요. 육아 중이라면 이런 부업도 추천합니다. 또 다른 방법은, 특정 원고를 작성해 주고 원고료를 받는 것입니다. 업체에서 제공받은 사진과 정보로 정보성 포스팅을 하고 건당 수수료를 받는 것입니다. 단, 체험단 활동을 하거나 원고료를 받기 위해서는 블로그가 최적화되어 일일 방문자가 어느 정도 되어야 합니다.

저는 현재 개인 브랜딩을 목적으로 블로그를 하고 있습니다. 블로그는 '나'라는 사람을 홍보하고 마케팅하기에 좋은 도구입니다. 배운 것과 느낀 것들, 아침 기상, 독서 내용 등을 블로그에 꼼꼼히 기록합니다. 이 기록들이 쌓여 제 명함이 되는 거죠.

여러분도 지금 하는 일이 있다면 그 일을 블로그에 기록하세요. 기록해야 쌓이고, 쌓여야 내 것이 됩니다. 블로그를 하다 보면, 내가 하는 모든 일이 글쓰기의 주제가 됩니다. 그와 동시에 내 일에 대해 자세히 관찰하고, 기록하는 습관도 길러지지요. 저는 무슨 일을 하든 늘 동기 부여를 합니다. 저만의 글쓰기 프로젝트를 계획하는 식으로 말이죠. 지금 쓰고 있는 이 글도 '2021년 베스트셀러 작가되기' 프로젝트로 진행하고 있는 것입니다. 여러분도 시도하고 싶은 일이 있다면 기록으로 남겨 프로젝트화하세요. 모두가 볼 수 있고 공감할 수 있는 플랫폼에서 말이죠. 그 수단으로 블로그는 정말 훌륭합니다.

블로그를 잘 운영하기 위해서는 내 블로그의 콘셉트를 정하는 것이 첫 번째입니다. 저는 임신을 하면서 블로그를 시작했기 때문에 처음에는 육아 블로그의 성격이 강했습니다. 그리고 복직하고는 금융 지식과 부동산, 주식 투자 정보 블로그가 되었지요. 경제, 비즈니스 분야의 글도 종종 올립니다. 블로그를 운영하기 위해서는 내 블로그의 색깔을 명확히 설정하는 게 우선입니다. 네이버 블로그의 주제별 보기를 클릭하면 다양한 범주를 볼 수 있습니다.

| 관심주제 | **엔터테인먼트·예술** | **생활·노하우·쇼핑** | 취미·여가·여행 | 지식·동향 |

| 일상·생각 | 육아·결혼 | 애완·반려동물 | 좋은글·이미지 | 패션·미용 | 인테리어·DIY | 요리·레시피 | 상품리뷰 | 원예·재배 |

여러분이 가장 관심이 있고, 잘하는 것은 무엇인가요? 모르겠

다면 본업을 기본으로 해 보세요. 10년 넘게 같은 직종에 종사하고 있다면 그 지식만 풀어놓아도 전문가의 블로그가 됩니다. '매일 하는 일인데 도움이 될까?'라고 생각할 수 있지만, 의외로 도움이 되는 경우가 많습니다. 저 역시 여러 주제를 다루어 보았지만, 결국 저의 본업이 제 블로그의 정체성이 되었습니다.

주제를 정했다면 이제 글을 쓰고 최적화해야 합니다. 블로그에 매일 한두 편의 글을 한 달 이상 올리세요. 초반에 시간과 공을 들이면 블로그가 최적화됩니다. 이후에는 기존 키워드로 유입되는 기본 방문자가 생길 것입니다. 물론, 매일 글을 올리는 게 쉽지는 않습니다. 그러나 모든 일에는 초반에 어느 정도 시간이 투입되어야 한다는 것을 잊지 마세요.

그렇다면 블로그 방문자는 어떻게 늘릴까요? 앞서 '블로그 최적화'라는 말을 했는데, 블로그 최적화란 웹사이트에 무언가를 검색했을 때, 내 블로그가 최상단에 검색되는 것을 말합니다. 최적화를 위해서는 딱 하나만 기억하면 됩니다. 바로 '키워드'입니다. 여러분은 어떤 경우에 네이버를 사용하시나요? 아마 무언가를 검색할 때겠지요. 그러고는 제일 상단에 있는 포스트부터 클릭할 것입니다. 즉, 글을 작성할 때 유효한 키워드를 활용하여 제목과 글을 작성하는 것이 기본입니다. 방문자 수는 하루이틀 글을 쓴다고 늘지 않습니다. 유효한 키워드가 담긴 글을 하루에 한두 편씩 한두 달 이상 써야 늡니다. 사실 블로그에 대해서는 강의도 많고, 유튜브에 무료로 제공되는 정보도 많습니다. 그런데도 하지 않는 이유는 방법을 몰라서가 아니라, 무언가를 꾸준히 한다는 게 어렵기 때문입니다. '나는 글 쓰는 재능이 없나 봐. 나는 주제를 잘못 잡나 봐.' 등등을 생각하며 포기하지 마세요. 고지가 눈앞에 있습니다. 블로그도 결과를 볼 때까지 하겠다는 마음으로 해야 수익으로 연결할 수 있습니다.

현재 제 블로그는 주말에는 2,000명, 평일에는 4,000~5,000명 정도가 방문합니다. 이 방문자가 저에게 어떤 수익을 주느냐고요? 기본적으로 블로그를 일정 기간 운영하면 애드 포스트라는 광고를 게재할 수 있습니다. 광고주가 네이버에 비용을 지불하고, 제가 쓴 글에 광고를 붙이는 거죠. 제 글을 통해 광고를 클릭한 사람만큼 저는 광고비를 받을 수 있습니다. 애드 포스트 수익은 매달 25일에 5만 원 이상일 경우 현금으로 지급되며, 저는 평균 10~20만 원 정도의 수익을 내고 있습니다. 큰돈은 아니지만, 글을 작성하기만 해도 돈을 벌 수 있으니 소소한 용돈벌이가 되며, 나날이 향상되는 글쓰기 실력은 덤입니다.

저는 제 자녀에게 경제 교육뿐 아니라, SNS 마케팅 능력도 가르치고 싶습니다. 우리 아이들 시대에는 SNS 마케팅이 필수 과목이 되지 않을까요? 지금은 자영업자, 직장인, 기업, 공공기관 누구나 SNS를 하는 시대이며, 스마트기술로 초연결되어 있습니다. SNS 마케팅을 익혀야지만 독보적인 존재가 될 것입니다. 그리고 블로그는 그 첫발을 내딛는 데 효율적인 수단입니다.

:: 블로그 팁 ::

- 나만의 주제를 정해 블로그를 콘셉트 화한다.
- 매일 기록한다.
- '블로그 차트, 블랙 키위'와 같은 키워드 검색 사이트를 활용한다.

유튜브, 미래를 위한 투자

블로그가 국내에 국한된 것이라면 유튜브는 전 세계에 나를 알릴 수 있는 도구입니다. 블로그보다 막강한 미디어 플랫폼이라고 할 수 있지요. 그러나 유튜브는 영상을 촬영하고 편집하는 능력이 필요하며, 얼굴 노출도 감안해야 해 진입 장벽이 높습니다. 물론, 저는 진입 장벽이 높을수록 성공 확률도 높다고 생각합니다. 도전하는 사람이 적으니까요.

2020년 초, 저는 유튜브에 도전했습니다. 컴퓨터를 다룰 줄 몰라서 채널을 개설하고 채널명을 만드는 데도 며칠이 걸렸습니다. 자막과 효과 넣기는 최소한의 편집으로 해결하고, 장비도 스마트폰과 조명, 마이크뿐이었죠. 준비하는 데 10만 원 정도 들었습니다. 제 좌우명은 '일단 해!'입니다. 일단 시도하면 그 안에서 배우는 것이 있고, 그 배움을 통해 성장할 수 있으니까요. 성공의 가장 큰 걸림돌은 '내가 할 수 있을까? 잘할 수 있을까?' 하며 자신을 의심하는 것입니다. 저는 의심하기 전에 일단 해 봅니다. 그래야 성공이든 실패든 결과가 나오고, 그 결과 값을 바탕으로 다른 시도를 할 수 있으니까요.

제가 운영했던 유튜브는 '은행 취업과 금융 상품' 관련 방송이었습니다. 2개월가량은 너무 재미있어서 밤낮없이 촬영하고 편집했습니다. 별다른 홍보 없이 구독자도 늘었지요.
많은 사람이 얼굴을 노출해야 하는 부담과 말주변이 없다는 걸 고민합니다. 그러나 얼굴 노출은 가면을 쓰거나, 편집으로 해결할 수 있습니다. 방법을 찾으세요. 말주변이 없어 걱정이라면 대본을 써서 술술 읽힐 때까지 반복해서 연습하면 됩니다. 실수한 부분은 편집으로 잘라내면 되지요. 화려한 영상 기술이 없어 망설여진다면, 기술 대신 충실한 내용으로 승부하면 됩니다. 자막 자동 생성 프로그램을 이용해서 화려한 영상 대신 내용을 잘 전달할 수 있는 자막을 넣으세요. 무엇이든지 핑계를 대며 안 할 이유를 찾기보다, 돌파구를 찾아서 해 나갈 방법을 찾는 게 유리합니다.

유튜브와 블로그에는 공통점이 있습니다. 바로 꾸준함이 필요하다는 것입니다. 하나의 주제로 양질을 콘텐츠를 지속해서 업로드하세요. 그렇게 콘텐츠가 쌓여야 전문가로 인정받고, 나를 홍보할 수 있습니다. 게다가 유튜브에는 자막을 다양한 언어로 설정할 수 있습니다. 나를 전 세계에 알릴 수 있는 효과적인 수단이 될 것입니다.

모두 1인 기업가가 되어야 하는 시대가 도래했습니다. 유튜브를 시청하는 소비자가 되기보다 방송을 만드는 생산자가 되세요. 유튜브를 보는 것은 수동적인 학습이지만, 유튜브를 운영하는 것은 능동적인 학습이 됩니다. 개인적으로는 블로그를 통해 키워드 활용법을 익힌 후, 유튜브에 도전하는 것을 추천합니다. 블로그는 컴퓨터와 스마트폰만 있으면 어디서든 글을 쓰고 발행할 수 있어 시작하기 쉽습니다. 그러나 유튜브는 약간의 준비와 노력이 필요하지요. 물론, 미래에는 많은 사람이 미디어 플랫폼을 통해 자신을 홍보하고, 매출을 올리게 될 거라 생각합니다.

네이버 카페,
미래의 고객을 모으세요!

　'온라인 건물주'라는 말을 들어 보셨나요? 온라인상의 플랫폼을 소유하고 그곳에 월세를 놓아 돈을 번다는 뜻입니다. 여러분은 몇 개의 온라인 카페에 가입되어 있으신가요? 저는 백 개 정도의 카페에 가입해 있습니다. 네이버 카페는 사업장이라고 할 수 있습니다. 탄탄한 온라인 카페를 갖는 건 내 이름으로 된 빌딩 하나를 갖는 것과 같습니다.

　카페는 관심사가 같은 사람끼리 모이는 공간입니다. 관심 주제에 대해 정보를 나누고 친목을 도모하다 보면, 서로 돈독해지고 응원하게 되지요. 사업이든, 교육이든 카페를 통해 나의 가망 고객을 모아 두고 시작하면 실패할 확률을 줄일 수 있습니다. 맨땅에

헤딩하는 것이 아니라, 시원한 풀장에 다이빙하는 격이 됩니다.

카페도 콘셉트가 필요합니다. 회원끼리 정보를 나누고 소통하는 데에 중점을 둔 맘 카페와 같은 성격일 수도 있고, 어느 분야의 전문가를 섭외해서 전문적인 정보를 제공하는 성격일 수도 있습니다. 운영하고 싶은 카페의 콘셉트를 정하고, 어떤 방법으로 카페를 활성화할 것인지 고민해 보세요. 카페를 키우는 데도 시간이 필요합니다. 양질의 글을 발행하고, 회원을 모집하고, 댓글을 관리해야 하지요. 가입한 사람들에게 제공할 수 있는 정보를 구축하기까지는 긴 시간이 필요합니다. 그래도 한번 플랫폼을 구축해 두면, 그 안에서 다양한 사업이 가능합니다. 네이버 카페는 확장성이 큰 플랫폼이므로 기반을 닦아 두면, 나중에는 회원들끼리 정보를 주고받으며 자연스럽게 나를 위해 일하는 시스템이 형성될 것입니다.

카페를 키우고 싶다면 회원에게 등급을 설정하고, 유의미한 회원에게만 알짜 정보를 제공하세요. 많은 카페가 이런 방법으로 회원을 관리하고, 유용한 글과 댓글을 늘립니다. 가입 이벤트를 열어 신규 가입자를 많이 유치하는 회원에게 상품을 제공하거나,

정기적인 이벤트로 기존 회원을 공고히 하기도 합니다. 결국, 유입률을 높여 카페를 키우는 것입니다.

그러면 어떻게 온라인 카페로 수익을 창출할까요? 바로 광고가 필요한 사업주를 모집해 대신 홍보해 주거나, 게시판을 대여해 주는 것입니다. 강의를 개설할 수도 있습니다. 카페는 회원들이 한번 가입하면 탈퇴를 잘 하지 않기 때문에 수익성을 거두기 좋은 플랫폼입니다. 저도 '청춘재테크'라는 카페를 운영하고 있습니다. 블로그에 채 하지 못한 이야기나 투자 사례, 주식이나 펀드로 차익을 실현한 사례 또는 부업으로 벌어들인 수익 사례 등은 주로 카페에 공개합니다. 그것이 제 카페에 가입한 회원들에게 제공할 수 있는 혜택이라고 생각하기 때문입니다. 재테크를 시작하고 싶은데 무엇을 해야 할지 막막하다면, 또는 사회 초년생으로서 돈을 제대로 불릴 수 있는 법을 배우고 싶다면 청춘재테크 카페에서 함께 자산을 키워 나가시길 바랍니다.

크몽,
재능도 팔 수 있습니다

최근에는 크몽이나 탈잉 등 재능을 판매할 수 있는 플랫폼의 수요가 늘었습니다. 말 그대로 재능을 사고팔 수 있는 곳으로, 취미부터 연애 상담, 면접 방법 전수까지 사고팔 수 있는 재능이 다양합니다. 저 역시 처음에는 남의 재능을 사는 수강생이었지만, 지금은 재능을 판매해 소소한 수익을 얻고 있습니다.

제가 판매하는 재능은 자기소개서 첨삭, 시간 관리법과 재테크 강의입니다. 그중에 가장 의뢰가 많고 고객의 만족도가 높은 것은 자기소개서 첨삭입니다.

그렇다면 저는 어떻게 이 사이트를 통해 재능을 팔게 되었을까요? 2020년 초, 재능을 사고팔 수 있는 플랫폼이 있다는 것을 알게 되었습니다. 그래서 '내가 잘하고, 좋아하는 일이 뭘까?' 고민하며 그간 배운 것들을 쭉 나열해 보았습니다. 그러고는 어학을 전공해 금융권으로 한번에 취업할 수 있었던 이유인 '자기소개서'를 찾아냈습니다. 그래서 저는 자기소개서 쓰는 법을 판매하기 시작했습니다.

저는 좋은 후기를 모으기 위해 낮은 가격으로 판매하되, 최고의 서비스를 제공하기로 했습니다. 그래서 의뢰하지 않은 문항까지 첨삭하고, 만족할 때까지 수정하고 또 수정해 드렸지요. 그러자 곧 진심 어린 후기가 쌓이기 시작했습니다. 가격을 조금 올려도 꾸준히 의뢰가 들어왔고, 저는 일을 선택해서 할 수 있게 되었습니다. 즉, 제가 재능 마켓에서 재능을 팔 수 있었던 팁 중 하나는 고객이 내는 가격보다 몇 배의 혜택을 제공하는 것입니다.

시간당 벌어들이는 금액을 생각하면 미미하지만, 제가 하는 부업의 목적은 돈을 벌기 위함이 아니라 경험을 쌓기 위함이었기에 가능했지요. 그렇게 좋은 후기가 쌓이고 의뢰가 느는 선순환 구조가 자리잡았고, 시간 관리법 강의와 재테크 상담을 차례로 론칭했습니다. 처음 자기소개서 첨삭을 시작했을 때와 마찬가지로 저렴한 비용으로 서비스를 제공하고 꾸준히 개선하고 있습니다.

부업이 좋은 이유는 본업이 아니므로 부담없이 일할 수 있는 것입니다. 의뢰가 들어오지 않는다고 실망하거나 전전긍긍할 필요가 없지요. 그런 면에서 부업은 마음 편하게 시작해 볼 수 있는 작은 사업이 됩니다.

재능으로 수익을 끌어올리는 방법에 대해 이야기하겠습니다. 저는 물건을 구매하거나 식당에 갈 때 후기가 많은 곳을 선택합니다. 후기가 없으면 구매에 실패할 것 같거든요. 즉, 우리는 후기가 돈이 되는 세상에 살고 있습니다. 식당의 경우 악평 하나만 있어도 방문율이 떨어지는 것이 현실입니다.

재능으로 수익을 올리고 싶다면 좋은 후기를 모으세요. 좋은 후기는 돈으로 살 수 없습니다. 내가 받은 돈보다 양질의 가치를 제공해야만 얻을 수 있습니다. 그렇게 좋은 후기가 쌓이면 저절로 홍보가 됩니다.

돈보다는 경험을 쌓겠다는 마음으로 작게 시작해 보세요. 작게 시작해서 나를 찾는 소비자가 늘어나고, 내 실력이 검증되면 그때부터 조금씩 단가를 높이면 됩니다. 몸값은 내가 자유롭게 책정할 수 있습니다. 이 가격을 시중에서 받아들일지는 소비자의 몫이지요. 이 금액을 주고서라도 여러분이 제공하는 서비스를 받는 게 합리적이라고 느끼면 구매할 것이고 그렇지 않다고 느끼면 구매하지 않을 것입니다. 재능 판매도 사업과 같습니다. 항상 소비자의 입장에서 '나라면 살까?'라는 질문을 던져 보고, 소비자의 입장에서 만족할 만한 서비스를 제공해야 지속할 수 있습니다.

직장에서 주는 월급만 받다가 부업을 해 보면, 돈 버는 일이 얼마나 힘든지 알게 됩니다. 회사 밖은 철저히 내 실력으로 평가받고 보상받는 시스템입니다. 회사에서는 한 시간 정도 게으름을 부려도 월급을 받을 수 있지만, 회사 밖은 정확히 내가 일한 만큼만 가져가게 됩니다. 그래서 많은 직장인이 현재에 안주하게 되는 걸지도 모르겠습니다.

그런데 실질적으로 돈이 저절로 들어오는 시스템을 구축하려면 재능을 판매하는 게 아니라 크몽과 탈잉처럼 사람과 사람을 연결해 주는 플랫폼을 구축해야 합니다. 플랫폼을 구축하기까지는 많은 시간이 걸리지만 한번 구축되고 나면 내가 일하지 않아도 돈이 들어오는 시스템이 완성됩니다. 탈잉과 크몽은 사람들이 불편해하는 점, 개선하기를 바라는 점 등 사람들의 욕구와 니즈를 파악해 성공한 플랫폼입니다. 결국, 단순 부업이 아닌 시스템 소득을 만들려면 사람과 사람을 연결해 주는 플랫폼을 만들어야 합니다.

스마트 스토어,
누구나 사업할 수 있습니다

　스마트 스토어는 제품을 도매로 사들여 소매로 판매하는 유통업과 같은 구조로, 도매 사이트나 해외구매 사이트에 올라온 물건에 마진을 붙여 판매하는 플랫폼입니다. 스마트 스토어를 운영한다는 것은 나의 쇼핑몰 사이트를 운영하는 것과 마찬가지요. 그리고 독자적으로 쇼핑몰 사이트를 구축하려면 돈이 들지만, 스마트 스토어 플랫폼을 이용하면 수수료만 내고 쉽게 상품을 업로드할 수 있는 장점이 있습니다. 다만, 진입 장벽이 낮다는 것은 그만큼 많은 사람이 경쟁에 뛰어든다는 것을 의미하므로 이 또한 지속할 수 있는 힘이 필요합니다.

　스마트 스토어를 운영하는 방식은 크게 두 가지로 나뉩니다.

여러 가지 상품을 판매하는 몰과 한 가지 주제의 상품을 판매하는 전문 몰이지요. 여러 상품을 판매하는 몰은 주제 상관없이 다양한 제품을 내 매장에 진열해 파는 것입니다. 반면, 전문 몰은 운동용품, 미용용품, 육아용품처럼 특정 주제를 정해 팝니다. 즉, 스마트 스토어를 하고 싶다면, 내가 어떤 제품을 판매할 것인지에 대한 고민이 필요합니다. 판매할 아이템을 찾을 땐 '내가 주로 구매하는 것은 무엇인지, 주변 사람이 주로 어디에 돈을 쓰는지'를 살피면 좋습니다. 스토어팜 '아이템스카우트'나 온라인 도매업체 '도매꾹' 같은 사이트에서 아이템을 검색하는 것도 방법입니다.

재능 판매 플랫폼이 무형의 것을 판매하는 곳이라면, 스마트 스토어는 유형의 제품을 판매하는 곳입니다. 무언가를 판매하기 시작하면 소비자가 아니라 공급자의 시각으로 제품을 바라보게 됩니다. 이 물건의 원가는 얼마인지, 이 물건의 마진은 얼마인지를 끊임없이 생각하게 되죠.

스마트 스토어에서도 월급 이상의 돈을 버는 사람이 있습니다. 어떤 사람들일까요? 검색량 대비 제품 수가 적은 아이템을 찾아서 판매하는 사람일 수도 있고, 좋은 후기를 받아서 꾸준히 판매량을 늘리는 사람일 수도 있습니다. 여기서도 후기가 돈이 됩니다.

아무리 인기 있는 제품을 판다고 해도 악평이 있으면 사람들은 구매하지 않습니다. 내 제품을 구매한 사람에게 후기를 독려하세요. 사은품이나 적립금 등의 혜택을 주는 방법도 좋습니다.

결국 돈을 벌기 위해서는 사업을 해야 합니다. 사업은 거창한 게 아닙니다. 남에게 필요한 제품이나 무형의 것을 팔아서 돈을 버는 게 사업입니다. 어떤 사람에게 무엇이 필요한지를 관찰하고, 팔 물건에 가치를 가치를 부여해서 홍보하는 방법을 배워 두면 좋겠지요. 세상은 아는 만큼 보이고, 어떤 시각으로 세상을 살아갈지는 각자의 몫입니다. 여러분은 소비자보다 공급자로 살기를 바랍니다. 소비자는 돈을 쓰지만 공급자는 돈을 벌기 때문입니다.

사업은 내 인생의
주인이 되는 것

제 직장 생활은 만족스러운 편에 속합니다. 그러나 제가 투자를 시작하면서 깨달은 게 있습니다. 결국 돈이 들어오는 시스템을 만들기 위해서는 내 사업을 영위하는 게 필요하다는 것입니다. 직장인으로 산다는 건 한 기업의 구성원이 되는 것이고, 사업가로 산다는 건 구성원을 이끄는 리더가 되는 것입니다. 또한 대표가 되면 성공과 책임이 오롯이 내 것이 되지요. 무척 힘들 수 있습니다. 그럼에도 불구하고 사업을 해야 하는 이유는 다음과 같습니다.

첫 번째, 사업은 시스템화가 가능합니다. 사장이 모든 걸 해결해야 하고, 모든 일을 도맡아 한다면 아직 시스템화가 되지 않은 것입니다. 처음 시작할 때는 직접 해 보면서 경험을 쌓고, 규모가 커지면 직원을 두고 일을 위임하며 내가 없어도 사업이 영위될 수 있도록 시스템을 만들어야 합니다.

두 번째, 사업은 부자가 되기 위한 길입니다. 직장인은 주어진 시간만큼만 일하고 주어진 월급을 받으며, 대형 프로젝트를 성공시켜도 약간의 인센티브만 받을 뿐입니다. 그러나 사업가는 밤낮 없이 일한만큼 사업체를 키우고, 그 결실을 오롯이 가져갈 수 있습니다. 퇴근은 없지만, 그만큼 유무형으로 성장할 수 있습니다.

세 번째, 우리도 언젠가는 정년퇴직을 하게 되고, 결국은 회사에서 나와야 하기 때문입니다. 그 시기가 언제냐의 차이일 뿐입니다. 운이 좋은 사람은 정년까지 다닐 수 있지만, 운이 나쁘면 그보다 일찍 회사를 그만둬야 할 수 있지요. 100세 시대입니다. 60세에 퇴직해도 40년의 노후를 보내야 합니다. 비교적 젊은 나이에 퇴직한 사람은 크고 작은 사업을 시도해 보기도 하지만, 현실적으로 퇴직 후에 이런 사업에 도전하는 건 리스크가 큽니다. 고정소득이 없는 상태에서 목돈을 써야 하고, 실패했을 때를 고민해 봐야겠지요. 노후를 준비해야 할 때 빚이 생기면 그 무게는 상당합니다. 그러므로 젊을 때부터 회사를 졸업하고 난 뒤 무엇을 해야 할지 고민해야 합니다.

그렇다고 모두 사업가가 될 수는 없습니다. 직장인이라면 사업가 마인드로 일하는 것도 방법입니다. 내 사업, 내 가게에서 일하는 것처럼 회사에서 일하는 것입니다. 빨리 승진해서 회사 내에서 이룰 수 있는 최대 목표를 달성하는 것이지요. 회사원으로 살 것인가, 사업가가 될 것인가는 여러분의 선택입니다. 회사원으로 살기로 했다면 젊었을 때부터 노후 준비에 힘쓰세요. 자신의 성향을 파악해 그에 맞는 길을 걸어가면 됩니다. 가장 나쁜 상황은 시간을 허비하는 것입니다. 당장 코앞의 상황보다는 멀리 내다보고 미래를 준비하세요. 구체적인 계획이 그려졌다면 차근차근 앞으로 나아가세요.

부업보다 본업,
결국 본업에 충실해야 합니다

많은 사람이 부업에 관심을 둡니다. 인터넷의 발달로 무언가를 파는 일이 쉬워지고, 코로나19로 인한 불안감에 많은 사람이 부업에 도전하지요. 몇 년 전만 해도 직장인은 주중에 일하고 주말에 쉬었는데, 지금은 그렇지 않습니다.

게다가 사람들은 유행에 민감합니다. 자주 듣다 보면 관심을 두게 되고, 안 하면 나만 뒤처지는 게 아닌지 상대적 열등감을 느끼지요. 그러다 보니 부업이 유행인 지금, 아무 목표나 의지 없이 부업을 시도하는 사람도 있습니다. 물론, 저는 이런 동기도 응원합니다. 성공하든 실패하든, 시도 자체가 소중한 경험이기 때문입니다.

하지만 절대로 본질을 잊어서는 안 됩니다. '나는 왜 이 일을 하는가?'에 대한 질문을 늘 마음에 품고 일해야 합니다. 13년간 제도권 안에서 교육받으며, 생각하는 힘을 잃었던 시기가 있습니다. 사회가 정해놓은 규칙대로 학교에 다니고, 시험을 치고, 대학을 갔지요. 그리고 좋은 회사에 취직해서 안정적으로 지내왔습니다. '왜?'라는 질문은 한 번도 해본 적이 없었습니다. 남들이 하니까, 부모님이 하라고 하니까 정답인 줄 알고 살아왔지요. 그때 한 번쯤은 의심을 품고, 다른 길을 선택했더라면 어땠을까 싶을 때가 있습니다.

제가 하고 싶은 이야기는 모든 일에는 본질이 있다는 것입니다. 부업을 한다면 부업을 하는 이유에 대해 생각하세요. 돈이 목적인 사람도 있고, 자기 계발이 목적인 사람도 있을 것입니다. 돈이 목적이라면 부업을 통해 추가 수입을 올리는 것도 방법이고, 커리어를 쌓아 회사에서 인정받는 것도 방법입니다. 혹시 관심도 없는 일에 남이 하니까 나도 하는 건 아닌지 살펴보세요. 그래야 지속할 수 있습니다. 자기 계발이 목적인 사람은 부업을 통해 일상의 활기를 되찾을 수도 있습니다. 즉, 모든 일에는 성찰이 필요하며, 부업도 마찬가지입니다.

제가 부업을 하는 이유는 퇴사 후에 사업을 하기 위해서입니다. 사업을 하려면 회계, 세무, 법률, 실무 등 알아야 할 게 많습니다. 무엇보다 어떤 사업을 할 것인지에 대한 고민도 필요하지요. 저는 제가 회사 밖에서 돈을 벌 수 있는 재능을 탐색하기 시작했습니다. 글을 잘 쓰지는 못하지만 차분하게 앉아서 글 쓰는 걸 좋아했고, 전공과 관련이 없는 회사에 들어와 14년째 근무하고 있습니다. 이것들을 제가 좋아하는 것과 결합해 보았습니다. 자기소개서를 첨삭해 주면서 돈을 버는 것도 의미 있고, 블로그를 통해 벌어들이는 것도 재미있었지요. 글을 쓰며 조금씩 성장하는 기분이 들었습니다.

지금은 부업을 실력을 쌓는 과정이라고 생각합니다. 사실 지금 하는 부업을 시간당 비용으로 따지면 오히려 마이너스입니다. 자기소개서의 문항 당 1만 원을 책정했지만, 저는 한 문항을 작성하는 데만 한 시간가량을 투자하지요. 회사에서는 한 시간만 일해도 그보다 많이 받습니다. 어쩌면 수지가 맞지 않은 일입니다. 그러나 이러한 부업이 나중에 제 사업의 바탕이 되어 줄 테고, 점점이 모여 어떤 선을 만들게 되겠지요. 그 미래가 기대됩니다.

여러분은 왜 부업을 하시나요? 여러분이 하는 일의 본질은 무엇인가요? 어떤 일이든 '왜?'라는 질문을 던지고, 답을 찾으면서 일하세요. 본업과 부업을 병행해 본 결과, 결국 본업에 충실해야 부업도 잘된다는 결론을 내렸습니다. 회사에서는 최소한 여덟 시간을 보내고, 부업은 짧으면 두 시간, 길면 여섯 시간 정도 걸립니다. 대부분의 시간을 보내는 회사에서 일이 잘 풀리지 않으면, 퇴근 후 부업도 잘 될 리 없습니다. 회사에서 빈틈 없이 일하는 사람만이 부업도 성공적으로 일궈 나갈 수 있습니다.

저 역시 퇴근하면서 오늘 하루를 평가합니다. 은행은 모든 것이 실적으로 평가되는 곳이기 때문에 하루하루가 점수로 매겨집니다. 오늘 내가 얼마나 일에 충실했는가에 따라 퇴근하는 발걸음이 달라집니다. 본업에서 전문성을 쌓기 위해 주말 6개월을 반납하고 CFP(국제공인재무설계사) 자격증도 취득하였습니다. 명심해야 것은 부업이 잘된다고 해서 본업에 소홀해서는 안 된다는 것입니다. 부업이 본업이 되기 전까지는 본업이 주 수입원이기 때문입니다. 본업에 충실한 사람만이 부업에서도 성공할 수 있습니다.

저는 회사에서 조금 더 의미 있게 시간을 보내고 싶어서, 노동을 한다는 생각보다는 새로운 업무를 다양하게 배운다는 관점으로 일하고 있습니다. 은행은 워낙 업무가 다양해 늘 배워야 합니다. 새로운 것을 배울 때마다 매일 발전한다는 생각으로 임합니다. 그리고 꼭 부업은 하나쯤 만드세요. 그래야 퇴사해도 막막하지 않고, 오히려 당당하게 직장 생활을 할 수 있습니다. 여기가 아니면 안 된다는 생각보다는 다양한 능력을 쌓고 언제든지 더 좋은 곳으로 내 몸값을 올려서 이직할 수 있다는 마음이 필요합니다.

워킹맘이
돈과 시간을 갖는 법

저는 두 아이를 키우며 직장 생활을 하는, 흔히 말하는 워킹맘입니다. 제 블로그 방문자들이 종종 하는 질문이 있습니다. "워킹맘인데 어떻게 이렇게 많은 일을 하세요?"라고 말이죠. 사실 워킹맘이라서 못하는 게 아니라 워킹맘인 덕분에 가능하다고 말하고 싶습니다. 시간이 부족하니 시간을 아껴 쓰고, 쪼개 쓰기 때문이지요.

저는 돈보다 시간을 더 소중하게 생각합니다. 제 시간을 자유롭게 쓰고 싶고 아이들이 원할 때 옆에 있어 주는 엄마가 되고 싶습니다. 그러나 직장인으로서는 불가능하기에, 이를 가능한 것으로 바꾸기 위한 노력을 했습니다.

일단 저는 매일 최소한 한 시간은 저에게 투자합니다. 생각하면서 살지 않으면 사는 대로 생각하게 된다고 하지요. 저는 그러고 싶지 않아서 늘 시간을 계획합니다. 반복되는 일상이지만 치밀하게 시간을 계획해 생활합니다. 그리고 가장 잘 활용하는 시간은 새벽입니다.

저의 시간 관리법을 이야기하자면, 첫째는 매일 일의 우선순위를 정하는 것입니다. 그리고 가장 중요한 일부터 합니다. 새벽 3시에 기상해서 세 시간을 쓸 수 있다면 한 시간은 독서, 한 시간은 글쓰기, 한 시간은 자격증 공부를 하는 식으로 말이죠. 중요한 건 할 일을 전날 저녁에 미리 계획해 두는 것입니다. 그래야 새벽에 눈뜰 동기가 생깁니다. 모두가 잠든 고요한 새벽에 저를 일어나게 하는 동기는 무엇일까요? 바로 해야 할 일 목록입니다. 할 일이 있는 날은 벌떡 일어납니다. 그러나 할 일이 없는 날은 '10분만 더…' 하다가 시간을 흘려보내지요. 스스로 계획을 세우고 약속하세요. 계획을 세우는 일은 모든 일의 최우선입니다.

둘째, 자투리 시간을 활용합니다. 하루 중 흘려보내는 시간은 정말 많습니다. 버스를 기다리는 시간, 회사에서 잡담하는 시간,

퇴근 후 게임을 하는 시간 등을 합하면 한 시간은 족히 될 것입니다. 저는 회사에 5분이라도 일찍 도착하면, 그 5분 동안 제 할 일을 하고 들어갑니다. 5분은 긴 시간입니다. 사랑하는 아이들을 열 번은 안아 줄 수 있고, 책을 열 쪽이나 읽을 수 있습니다. 점심은 되도록 도시락을 먹고, 남는 시간에는 주식 동향이나 시세를 살핍니다. 이런 시간을 한 달가량 모으면 얼마나 큰 위력을 발휘할까요?

마지막으로 제게 가장 최적화된 시간을 알아내고 그 시간을 활용합니다. 나에 대해 더 많이 공부하고 나라는 사람을 연구합니다. 늦은 시간도 활용해 보고, 새벽 시간도 활용해 본 결과, 저에게는 새벽이 최적의 시간이었습니다. 자신의 신체 리듬에 따라 가장 좋은 시간을 찾고, 활용하는 것이 중요하다고 생각합니다. 저는 새벽 시간을 통해 늘 목표를 세우고 성과를 달성하기 위해 애씁니다. 의지에 기대서 일어나기는 쉽지 않기에 습관처럼 일어납니다. 기계처럼 일어나서 커피를 탄 후, 기상 사진을 찍는 것이 저의 일과입니다. 혼자서 규칙적으로 무언가를 하기 힘들다면 어떤 장치를 마련하세요. 저처럼 기상 사진을 찍는다거나, 함께 기상 미션을 할 사람을 찾는 것도 방법이겠죠. 맞는 장치를 찾을 때까지 도전하고 수정하고 반복하는 게 중요합니다.

많은 사람이 한방을 기대합니다. 한 번 시도하고는 바로 성과가 나올 것을 기대하고, 성과가 없으면 포기합니다. 하지만 성공은 하루아침에 찾아오는 것이 아닙니다. 매일 같은 일상을 지루하게 반복한 사람에게 주어지는 선물입니다. 그래서 저는 오늘도 5분이라도 아껴 쓰기 위해 열심히 발로 뜁니다. 지금 이 글도 출근전 틈새 시간을 활용해 회사 앞 카페에서 작성하고 있습니다. 치열하게 보낸 오늘이, 나에게 가져다줄 열매와 결실이 늘 기대됩니다.

'워킹맘이라 할 수 없는 게 아니라, 워킹맘이라 할 수 있어!'라는 마음, 어떤 상황에서도 최선을 다하는 여러분이 되길 바랍니다.

순자산 10억,
퇴사해도 될까?

몇 년간 열심히 자산을 모으고 불린 결과, 2019년에 순자산 10억이 되었고, 1년만에 20억이 되었습니다. 물론, 20억이라는 돈이 수중에 있는 건 아니라서 와닿지는 않지만, 그래도 예전처럼 돈에 연연하지 않게 되었습니다. 신기했습니다. 늘 '돈이 많으면 어떨까?'를 상상했는데, 돈이 많아지니 돈에서 자유로워졌지요. 돈 걱정을 하지 않으니, 돈이 아닌 다른 걸 추구할 수도 있게 되었습니다.

부는 상대적입니다. 100억 자산가에게 저는 가난한 사람으로 보일 것이고, 1,000만 원을 가진 사람에게는 제가 부자로 보일 것입니다. 즉, 제가 가진 20억의 가치는 절대적인 게 아닙니다.

'나한테 10억이 있으면 바로 회사를 그만둘 텐데.' 하는 분들도 계시지요? 제 경험상 돈과 회사는 별개입니다. 회사를 생계 때문에 다니는 사람도 있지만, 그렇지 않은 사람도 있습니다. 명예, 직위, 스펙, 명함이 필요해서 다니는 사람도 있고, 소속감이나 자아실현을 위해 다니는 사람도 있지요.

저에게 회사는 생계 수단이라기보다는 배움의 장입니다. 사회 초년생일 때는 돈을 벌기 위해 다녔지만, 돈 버는 다양한 방법을 알고 있는 지금도 열심히 다니지요. 그리고 천천히 독립을 준비할 수 있게 되었습니다. 어떤 수입은 월급의 몇 배 이상 되기도 하고, 어떤 수입은 월급과 비교해 터무니없이 부족하기도 하지만, 회사 밖에서 1원이라도 벌어본 적이 있기에 퇴사가 두렵지 않습니다.

"어느 학교 다니니? 어느 회사 다니니?"라는 질문을 들으며, 평생을 어딘가에 소속되어 있던 우리에게는 곧 독립할 때가 옵니다. 학교를 졸업하듯이 회사도 나와야 할 시기가 옵니다. 어디에 소속되어 있는지 답하지 않아도 나를 설명할 수 있는 무언가를 만들어야 합니다. 퇴사 후 회사를 설립하면 모 기업의 대표가 될 수도 있고, 프리랜서나 작가가 될 수도 있을 것입니다.

즉, 회사는 단순히 돈을 버는 곳만은 아닙니다. 직원과의 관계, 상사와의 관계, 업무 처리 방식, 대기업의 운영 구조 등 회사 안에서 여러 가지 배울 점들이 많습니다. 순자산 20억을 달성한 뒤로는 회사에 평생 다녀야 한다는 생각을 버리게 되었습니다. 언젠간 제대로 준비가 되었을 땐 회사를 나와 독립해야겠다는 자신감을 가질 수 있게 되었습니다. 회사 안에 소속되어 있을 땐, 그 안에서 배울 수 있는 것을 최대한 배우시길 바랍니다. 단언컨대 직장 생활을 잘하는 사람이 사업도 잘할 수 있습니다.

평생 회사에 다녀도
부자가 될 수 없는 이유

　제 아버지는 대기업을 정년퇴직하셨습니다. 대기업에 계셨으니 평생 고정적인 월급을 받으셨을 것이고, 30년 넘게 일하셨으면 어느 정도 자산이 쌓였을 것 같았습니다. 하지만 아버지의 자산은 아주 평범합니다. 집 한 채와 다달이 들어오는 연금 정도가 전부입니다. 자식들 뒷바라지하느라 열심히 일한 부모님 세대 대부분이 비슷할 것입니다.

　평생 회사에 다녀도 부자가 될 수 없는 이유는, 회사는 정말 딱 살아갈 수 있을 만큼의 돈을 주기 때문입니다. 아무리 실적을 많이 내도, 큰 성과를 가져와도 회사에서는 정해진 월급을 줍니다. 성과급을 준다고 하더라도 수익의 일부이지요. 회사는 직원에게 생각할 시간을 주지 않습니다. 매뉴얼대로 하기만을 바랄 뿐이죠. 그래야 직원 한 명쯤 없어도 회사가 돌아가거든요.

저도 제가 없으면 회사가 돌아가지 않을 거라고 착각한 적이 있습니다. 하지만 제가 며칠씩 자리를 비워도 회사는 아무 문제없이 돌아갈 것입니다. 회사는 이미 시스템을 구축해 두었으니까요. 즉, 내 일은 나만 할 수 있는 차별화된 것이 아니라 누구든 할 수 있는 일입니다. 물론, 제가 언제든지 대체 가능한 직원 중 하나라는 사실을 깨닫는 데는 꽤 오랜 시간이 걸렸습니다.

평생 정해진 월급으로 생활비, 양육비, 교육비 등을 사용하고 나면 은퇴하는 시점에 남아 있는 돈은 없습니다. 바쁘게 일하느라 재테크에 신경 쓰지 못했기 때문이지요. 부모님 세대가 대부분 그러합니다.

평생 회사에서 열심히 일한다고 부자가 될 수 없습니다. 회사에서 일해서 벌어들인 근로 소득을 내가 일하지 않아도 들어오는 자본 소득으로 바꾸는 과정을 끊임없이 지속해야 부자가 될 수 있습니다. 부자는 하루아침에 뚝딱 되는 것이 아니라 오랜 시간이 필요합니다. 그래서 저는 투자를 시작했습니다. 직장 생활을 10년 가까이 했음에도 여전히 부자가 아닌 저를 보면서, 앞으로의 10

년이 그려졌습니다. 지금처럼 일만 하면 10년 뒤에도 그대로일 것 같았습니다.

회사는 나를 책임져 주지 않습니다. 회사뿐만 아니라 아무도 나를 책임져 주지 않습니다. 나를 책임질 수 있는 건 자신뿐이죠. 투자 초기에는 안목이 없어서 좋은 물건을 고르지 못했습니다. 그러나 그런 경험들이 쌓이고 쌓여 돈이 될 만한 물건을 고를 수 있게 되었습니다.

첫술에 배부를 수 없다는 말을 늘 상기했습니다. 잘못된 투자로 많은 돈을 잃어도, 아무것도 하지 않는 것보다는 낫습니다. 저는 돈을 날린 만큼 다시 더 많은 돈을 벌게 되었고, 이젠 제 자산을 지킬 만큼의 지식을 쌓게 되었습니다. 아무것도 하지 않는 것이 가장 위험한 것임을 알게 된다면, 지금 이 순간 하릴없이 보고 있는 스마트폰과 텔레비전을 당장 끊게 될 것입니다. 회사만 다녀서는 평생 부자가 될 수 없다는 사실을 기억하고, 회사 밖에서 돈을 벌기 위한 노력을 꾸준히 하시길 바랍니다.

그리고 투자하세요. 올라가는 집값을 보며 불안감을 느끼고 있을 바에는 현재 상황을 정면으로 마주하고 지금 내가 할 수 있는 일이 무엇인지를 생각해 보는 게 낫습니다. 최근 몇 년간 자산이 그대로이거나 조금 증가했다면 사실 열 걸음 뒤처진 것과 같습니다. 몇 년 전에만 해도 집값이 10억이라고 하면 비현실적으로 느껴졌습니다. 그러나 지금은 서울뿐 아니라 지방의 대장 아파트도 10억이 넘습니다. 그만큼 시중에 돈이 많이 풀렸고, 현금을 보유한 사람이 많아졌습니다.

여러분의 자산은 어떠한가요? 최근 몇 년간 자산이 얼마나 증가했나요? 현실을 외면하기보다 직시하는 편이 좋습니다. 만약 몇 년 전과 자산이 비슷하다면 이제부터 시작하세요. 주식과 부동산이 이미 정점이라고 생각하고 포기하는 게 아니라, 다음번 기회를 잡겠다고 마음먹고 준비해야 합니다. 마음가짐과 목표를 세우는 게 부자에 한 걸음 다가서는 것입니다. 인생은 생각보다 길고, 부를 향한 여정을 즐기다 보면 우리는 정상에서 만나게 되어 있습니다.

생각의 한계가
성장의 한계다

저에게는 장점이 딱 하나 있습니다. '할 수 있어!'라고 생각하는 자신감입니다. 정말 어렵고 못할 것 같은 일도, 일단 할 수 있다고 생각합니다. 왜냐면 못한다고 생각한 순간, 그 일은 정말 어렵고 힘든 일이 되어버리거든요. 저는 그냥 못한다는 생각 자체를 하지 않습니다. 그러면 아주 희미한 빛이 보이고, 그 빛을 통해 길이 보입니다. 이런 방식으로 이룬 것이 정말 많습니다. 성공하는 사람과 그렇지 않은 사람의 가장 큰 차이는 바로 '생각의 차이'입니다. 나의 모든 성공과 실패가 생각에서 비롯된다는 걸 알면, 앞으로 생각 하나에도 조심하게 될 것입니다. '난 못해. 난 위험한 투자는 안 해.' 등 행동을 가로막는 생각들을 벗어던져야 합니다. 주식 투자는 위험하다고 하는데, 왜 누군가는 주식으로 돈을 벌

은행원은 어떻게 돈을 모을까?

까요? 부동산은 끝물이라던데 왜 집값은 계속 오를까요? 부정적인 말을 듣지 말고, '왜 그런 걸까? 어떻게 하면 나도 기회를 잡을 수 있을까?'를 고민하세요. 성공한 사람들이 긍정적 마인드가 중요하다고 하는 이유입니다. 사실 성공하려면 긍정적인 생각을 할 수밖에 없습니다. 긍정적인 생각을 했기 때문에 성공한 것일 수도 있고요. 전후 관계는 모르겠지만, 매사 부정적으로 생각하면 될 일도 안 됩니다. 기회가 코앞에 있어도 볼 수 없고, 노력해도 안 될 거라는 생각만 가득하기 때문이지요.

여러분은 어떤 생각을 자주 하시나요? 돈을 벌고 싶다면, 돈에 대한 생각을 많이 하세요. 어떻게 하면 돈을 벌 수 있을지 말이죠. 부자를 생각하기보다, '나는 선한 부자가 되어서 베풀고 살아야지.'라고 생각하세요. 부자를 관찰하면 알 수 있습니다. 부자가 된 사람, 성공한 사람은 생각부터가 다릅니다.

긍정적인 생각과 함께 내 성장에 한계를 긋지 않는 것 또한 중요합니다. 원래 2m 정도를 뛰는 벼룩을 높이 1m의 상자에 가두면, 그 벼룩은 세상 밖으로 나와도 1m 밖에 뛰지 못합니다. 여러분은 자신의 한계를 어디에 두시나요? 사람은 딱 내가 정한만큼 성장합니다. 내가 월 1,000만 원을 벌기로 했다면 1,000만 원을 벌게 될 것이고, 내가 100만 원 버는 것에 만족한다면 100만 원을 벗어나기 힘들 것입니다. 생각의 한계를 없애고 뭐든지 할 수 있다고 생각하세요. 생각이 바뀌면 행동이 바뀌고, 행동이 바뀌면 인생이 바뀌게 될 테니까요.

투자 마인드

누구나 경제적 자유를 누릴 수 있다

돈을 모으고, 다양한 투자를 통해 목돈을 굴리고, 이룬 자산을 지키는 방법까지 이 책에 모두 담았습니다. 욕심으로 사기를 당하기도 하고, 부동산으로 돈이 급격히 불어나는 과정을 겪으며 배운 것이 있습니다. 바로 재테크란 '자본주의를 얼마나 빨리 깨닫느냐'가 관건이라는 것입니다. 제가 만약 사회 초년생일 때 재테크에 눈떴더라면 지금쯤 다른 삶을 살고 있을지 모르겠습니다. 어찌 되었든, 자본주의를 빨리 깨닫고 일정 시간 재테크에 힘써야 부를 이룰 수 있습니다.

아무리 일해도 자산이 그대로라면 지금 여러분의 상황을 점검해 보아야 합니다. 무작정 앞으로 나아가는 게 아니라, 방향 설정에 문제는 없는지, 목표가 무엇인지를 체크하세요. 왜 돈이 모이지 않는지 돌아보아야 합니다. 바둑에서 복기하듯이, 소비와 투자에도 복기가 필요합니다. 불필요한 돈을 쓰지는 않았는지, 잘못된 투자를 하고 있는 건 아닌지 복기해야 돈을 많이 벌 수 있습니다.

현금을 갖고 있어야 든든하다고 생각하는 것, 빚은 무조건 빨리 갚아야 한다고 생각하는 것은 함정입니다. 그리고 노후 준비 없이 버는 족족 써 버리는 소비 습관을 청산해야 합니다. 돈이 모이지 않는다면 함정을 깨닫고, 잘못된 소비 패턴을 바꾸는 게 당장 해야 할 일입니다. 정말 변하고 싶다면 오늘부터 변화를 위해 한 발 내딛으세요.

성실하게 일해서 돈을 모으는 게 미덕이 아니라, 은행을 통해 내 돈을 모으고, 모은 현금을 실물에 투자해 자산을 증식시키는 게 자본주의에서 살아남는 법입니다. 국내 주식, 해외 주식, 금, 달러 등 다양한 시장에 눈 돌리세요. 어떤 시기에도 돈을 벌 수 있는 능력을 갖추세요. 돈과 투자에 관심 있는 사람과 교류하며 끊임없이 공부하셨으면 좋겠습니다.

우리는 모두 경제적 자유를 바랍니다. 혹시 단번에 그것을 달성하기 위해 로또를 구매하시나요? 그러나 세상에 공짜는 없습니다. 저는 요행을 바라는 대신, 발품과 시간을 들여 돈 버는 법을 연구합니다. 로또 같은 불확실성에 베팅하기보다 확실한 지식과 배움에 투자하세요. 제가 운영하는 '청춘재테크' 카페에 많은 정보가 있으니 언제든 방문해 더 나은 미래를 준비하셨으면 좋겠습니다.